चुनाव : अथ बेताल कथा

चुनाव : अथ बेताल कथा

अजय कुमार

वाणी प्रकाशन

वाणी प्रकाशन

'लोगो' वाणी प्रकाशन : मक़बूल फ़िदा हुसेन

वाणी प्रकाशन, 4695, 21-ए, दरियागंज, नयी दिल्ली-110002

वाणी प्रकाशन, अशोक राजपथ (पटना कॉलेज के सामने), पटना (बिहार)

CHUNAV : ATH BETAL KATHA

by Ajay Kumar

Satire

ISBN : 978-93-5000-545-3

प्रथम संस्करण

मूल्य : 200/-

वाणी प्रकाशन

फोन : 0091#11#23273167, फोन व फैक्स 23275710

वेबसाइट : www.vaniprakashan.in

ई-मेल : vaniprakashan@gmail.com

आर. टेक. ऑफसेट द्वारा दिल्ली-110095 में मुद्रित

अपनी बात

बिहार विधानसभा चुनाव को लेकर अखबार की तैयारी पहले से ही चल रही थी। सितंबर में चुनाव की घोषणा होने के साथ ही चुनाव के तय पेज पर मुझे लिखने को कहा गया। क्या लिखा जाये, यह सवाल असाइनमेंट मिलने के साथ ही शुरू हो गया। चुनावी लेख? विश्लेषण? रिपोतार्ज? सब पर नजर गयी। एक रात दफ्तर में बैठे-बैठे दिल में आया कि क्यूं न विक्रम और बेताल के बहाने कुछ कहा जाये। लिखा और उसे कार्यकारी संपादक अकु श्रीवास्तव के पास भेज दिया।

अगले दिन उनकी स्वीकृति मिलने के बाद बड़ा सवाल यह था कि इसे रोज-रोज कैसे लिखा जायेगा। अलग-अलग विषय कैसे मिलेंगे। दोस्तों से बात की। सबने हौसला अफजाई की। दफ्तर के सहकर्मी भी मेरा विश्वास बढ़ाने में आगे रहे। मन में भरोसा था कि इसे हाथ में लिया है, तो करके ही दम लेना है। हालांकि बीच-बीच में ऐसा भी लगा कि अब गाड़ी आगे नहीं बढ़ पायेगी। लेकिन जीवन के इतने सारे रंग हैं तो राजनीति के उससे कम नहीं। दोनों को देखने का न सिर्फ अपना तरीका है बल्कि सलीका भी। इसी हसरत से कई राजनीतिज्ञों से बात करता रहा। दक्षिण से लेकर वाम और मध्यमार्ग पर चलने वाले लोगों ने चुनाव से जुड़े प्रसंग बताये। वे राजनीति की तरह-तरह की प्रवृत्तियों के बारे में कह जाते। उनका ऐसा कहना ही विक्रम-बेताल का विषय बन जाता। दोस्तों ने भी कई टिप्स दिये।

विक्रम और बेताल के जरिये हर कथा में मौजूदा दौर की विद्रूपताओं से सामना और बेहतर रास्ते की तलाश की जद्दोजहद के मर्म छिपे हुए हैं। अगर हालात खराब हैं तो उसके बेहतर होने की कामना दम नहीं तोड़ती। हाशिये के लोगों की निराशा-हताशा के बावजूद नयी सुबह की उम्मीदें इन कथाओं में स्पंदित होती हैं। शायद मित्रों की हौसलाअफजाई के बल पर ही यह कथा हर दिन आगे बढ़ती रही। पहले दस कथाएँ पूरी हुईं। फिर बीस। चालीस, पचास और अस्सी...।

इन कथाओं को आगे बढ़ाने में विषय सुझाने वाले मित्रों, हर रात उसे एक नजर पढ़ने वाले दफ्तर के साथियों के सहयोग के बिना इसे लगातार लिखना मुश्किल भरा काम था। सभी साथियों के प्रति आभार।

–अजय कुमार

फिर बेतलवा डाल पर

1

शर्म वाला केमिकल देह से निकल गया

क्या सोच रहे हो बिक्रम?

किसी चिंतन में डूबे हो?

घर में तो सब ठीक है?

या दुनिया की सोच मरे जा रहे हो?

चुप भी रहो। आना हुआ नहीं कि सवालों की बौछार कर दी। मैं सोच रहा था कि अपने नेता लोग कितनी गरीबी में रहते हैं। सांसदों-विधायकों का पगार देख लो। इत्ते में इनका क्या होगा? गरीबों के रहनुमा होकर इतनी कम पगार? लानत है। यह मुल्क अपने भाग्यविधाताओं को इतना कम पैसा क्यों देता है? विदेशों के जन प्रतिनिधियों की ठाठ देख लो। कुछ तो शर्म करो।

बेताल कुहक उठा। बोला—अब तो शर्म मुझे आती नहीं। पहले आती थी। धीरे-धीरे उसका लोप हो गया। शर्म पैदा करने वाला रसायन देह से निकल गया। क्या करुं? बहुत कोशिश की। मगर वह उत्सर्जित ही नहीं होता। बिक्रम बोला-बेताल, डराओ मत। रसायन-फसायन की बात से मुझे भय होता है। जमाना खराब आ गया है। कद्दू खाकर डॉक्टर मर रहे हैं। शराब पीकर कैंसर भगा रहे हैं। प्लीज बेताल। कुछ तो रहम करो। डरावनी बातें मत करो।

तुम भी न...बिक्रम। बड़े भोले हो। एकदम झकास, भोले बाबा की तरह। पगार मांगने या बढ़ाने में बुराई ही क्या है। हम भी तो हड़ताल करते। कभी छठा वेतनमान तो कभी यूजीसी की मांग करते। नेता हमारी गरीबी से इर्ष्या करते। 42 फीसदी से अपना नाम कटवाना चाहते। यह 42 फीसदी क्या है? बेताल हंसा। इन्हें गरीब कहते हैं। अब हमारे माननीय पगार बढ़ाकर गरीबी की कोटि से बाहर निकलना चाहते हैं। पर 315 तो पहले से ही करोड़पति सांसद हैं। उन्हें पगार की क्या जरूरत? बिक्रम ने सवाल दागा। बेताल बोला-अधिक पगार मिलने से व्यक्तित्व में आभा आ जाती है। देश में प्रति व्यक्ति आय भले दुनिया के अन्य देशों से कम हो। पर पगार विकसित देशों के जन प्रतिनिधियों की तरह चाहिए। अपनी शान

में कोई कमी न रह जाये, इसलिए माननीयों को अपने वेतन में 500 फीसदी का इजाफा चाहिए। 300 फीसदी पर भी मन नहीं मान रहा।

तभी बिक्रम गिरते-गिरते बचा। सामने देखा तो बापू की प्रतिमा थी। उसे लगा, प्रतिमा से आवाज आ रही है। उसने बेताल को भी सुनने को कहा। आवाज आ रही थी- कोई भी फैसला करो, तो इस बात का ध्यान रखो की उससे समाज के अंतिम व्यक्ति पर क्या असर पड़ता है। बेताल को अच्छा मौका मिला। कहा देखता हूँ आवाज उन्हें क्यों नहीं सुनायी देती। वह उड़ने लगा। कहा—बिक्रम, वह देखो संसद के दरवाजे बंद हैं। बापू की आवाज उससे टकरा कर लौट जा रही है। वह अंदर नहीं जा रही। नेताओं को नहीं सुनायी दे रही है। 63 साल से ऐसा ही चल रहा है।

2

बेताल का चुनावी घोषणा पत्र

इनकी परेशानी देखी नहीं जाती। इतने परोपकारी। पहाड़ जैसी धर्मार्थ भावना। सेवार्थ हाजिरी। जनता की खिदमत के लिए तैयार। चौबीसों घंटे। ऐसे आदमी के पास एक बायोडाटा नहीं आया। चुनाव सिर पर है। उम्मीदवार आ नहीं रहे हैं। इस पुरुष की यही परेशानी है। विक्रम ने बेताल से कहा—ज्ञान की थैली के साथ जन्मे बेताल के पास इसका भी इलाज है। उसने कहा—वह सेवक रास्ता भटक गया है। जनता की सेवा का मार्ग इतना आसान नहीं। कुर्बानी देनी होती है। निज का सुख भूल जाना होता है। सुबह का नाश्ता दोपहर के भोजन के माफिक होता है। उस बेचारे के पास घिसा-पिटा घोषणा पत्र है। इस घोषणा पत्र पर इस जनम में क्या सात जनम में भी कैंडिटेड मिलने से रहे।

पीठ पर बेताल को ढोते-ढोते विक्रम का कंधा दुखने लगा। पेड़ की छांव के नीचे उसके कदम ठहर गये। पसीना पोछते उसने पूछा-उपाय क्या है? बेताल का जवाब हाजिर। जमाने के साथ चलो। उसके हिसाब से घोषणा पत्र तैयार करो। बेताल ने घोषणा पत्र तैयार कराना शुरू किया-

-केंचुए की तरह हम लचीला होंगे। अपने बॉडी के अकड़ वाले तत्वों को नष्ट करेंगे।

-सभी प्रकार के वादों को एक तराजू पर तौलेंगे। समाजवाद, पूंजीवाद, फासीवाद से समान मोहब्बत करेंगे।

-गांधी, भगत सिंह, सुभाष बाबू और अब्दुल बिस्मिल्लाह के विचारों का एक घोल तैयार करेंगे।

-प्रगति हमारी सर्वोच्च प्राथमिकता होगी। गति अपने पास रहेगी। अच्छी गति वाली गाड़ियों की सवारी करेंगे।

- वर्गविहीन-जातिविहीन समाज बनायेंगे। इसके लिए दुनिया की सर्वोत्कृष्ट प्रयोगशाला बनायेंगे। विद्वानों (छंटे लोगों) को इसका प्रमुख बनायेंगे।

-प्रत्येक स्तर पर सादगी होगी। रहन-सहन, बोल-चाल-सबमें। ढाबा के बदले पंचसितारा को महत्व मिलेगा। हर सफर उड़नखटोला से निश्चित होगा।

-सुबह-शाम सच बोलने की शपथ लेंगे। बाकी समय झूठ का थोक कारोबार करेंगे। ताकि सुबह-शाम के जाया हुए समय की सूद समेत वापसी हो सके।

-महान लोगों का हवाला देते हुए लोगों को बड़े-बड़े सपने दिखायेंगे। इसके लिए ब्लॉक से लेकर जिला और राज्य से लेकर राष्ट्रीय स्तर पर सपना मेले का आयोजन करेंगे।

-गरीबी, पिछड़ेपन सहित ऐसे शब्दों के इस्तेमाल पर सख्त पाबंदी होगी। इससे हमारी मर्यादा का हनन होता है।

-सभी दलों के साथ मित्रवत संबंध होगा। जरूरत-बेजरूरत एक-दूसरे के दलों में आते-जाते रहेंगे। इससे भाईचारा मजबूत होगा। इसके लिए कानून बनायेंगे।

विक्रम अचकचाया। पीठ पर इतना बोझ। घूमा तो देखा कि वहाँ भारी भीड़ जमा हो गयी है। बहुँत सारे लोग बायोडाटा के साथ हाजिर थे। बेताल मुस्कुराया। बोला-यह घोषणा पत्र उस परेशान हाल महाशय को दे दो। आराम मिल जायेगा।

3

यह तंत्र-मंत्र! यह जाप-ताप! यह पाप-शाप! यह मारण जाप!

आधे घंटे से पीठ पर सवार हूँ। तब से बुदबुदा ही रहे हो। यह कर क्या रहे हो महाराज। विक्रम ने कोई जवाब नहीं दिया। बेताल परेशान। विक्रम का बुदबुदाना जारी रहा। बेताल को समझते देर न लगी। जब भी चुनाव का टाइम आता है, विक्रम बुदबुदाने लगता है।

इन दिनों कई लोग बुदबुदाने लगे हैं। चुनाव के अखाड़े में उतरने वाले ये लोग हैं। इनमें से कई तीर्थ यात्रा कर चुके हैं। देवी-देवताओं के दरबार में शीश नवा आये हैं। गोपनीय पूजा-पाठ कर-करा रहे है। आंतरिक शक्ति जुटा रहे हैं। दुश्मनों

को पछाड़ने की कामना कर रहे हैं। अलग-अलग अखाड़ों के खिलाड़ी मंत्रों का सहारा ले रहे हैं। विक्रम की जिज्ञासा बढ़ी। पूछ ही लिया-मंत्र एक, खिलाड़ी अनेक। समान मंत्र का असर दूसरे पर कैसे पड़ेगा? बेताल ने समझाया–अनाड़ी ही रह गये। जानते हो, 14 प्रकार के मंत्र होते हैं। ये सभी दो शाखाओं से निकले हैं। घोर मंत्र और अघोर मंत्र। दूसरा वाला तांत्रिक विधि से किया जाता है। और पहला वाला सात्विक पद्धति से।

विक्रम के कंधे पर सवार बेताल जोर-जोर से बोलने लगा। यह तंत्र-मंत्र। यह जाप-ताप। यह पाप-शाप। यह ऋद्धि-सिद्धि। यह मारण जाप। यह मोहन जाप। यह उच्चाटन जाप। यह डामर मंत्र। यह साबर मंत्र। यह वैदिक मंत्र। यह पौराणिक मंत्र। यह औपनिषदिक मंत्र। यह तांत्रिक मंत्र। यह ऋत्विक मंत्र। यह विद्वेशन मंत्र। यह मानसिक विधि। यह वाचिक विधि। यह उपांशु विधि।

बेताल को विक्रम गौर से देखने लगा। एक सांस में मंत्रों पर इत्ता लेक्चर? अपने पल्ले तो कुछ भी न पड़ा। बेताल ने दम साधा। सुस्ताया। मेरे राजा, इन दिनों मारण जाप का सेंसेक्स हाई है। चुनाव जब भी आता है तांत्रिक पद्धति से मारण जाप का बोलबाला बढ़ जाता है। जो काम हरवे-हथियार से न होवे, वह मंत्र कर दिखावे। विक्रम इतने सालों से बेताल को जानता है। पर आज उसके मंत्र ज्ञान पर वह मुग्ध था। बेताल ने बताया, वैसे तो प्रयोजन के अनुसार मंत्रों का जाप ही उचित होता है। निज और समाज में शांति चाहते हो, तो देवताओं के सिद्ध मंत्र जपो। कामनाएँ पूरी होंगी।

विक्रम ने बताया-कई बरस बीत गये। मैं मंत्र जप रहा हूँ। पर, समाज में कलह-क्लेश बढ़ता ही जा रहा है। व्यभिचार कम नहीं हो रहा है। पाप पर लगाम नहीं लग रहा है। घर-परिवार टूट रहे हैं। लोभ बढ़ रहा है। हम विकास कर रहे हैं। मगर इंसानियत पीछे जा रही है। धार्मिक मान्यताएँ बढ़ रही हैं, लेकिन अधर्म का बोलबाला है। सिद्ध मंत्र बेअसर क्यों हैं। ऐसा क्यों हो रहा है, बेताल?

मैं अभी-अभी ब्रह्म लोक से आ रहा हूँ-बेताल ने बताया। वहाँ देवी-देवता इस बात को लेकर परेशान हैं। धरती लोक में उनके मंत्र फ्लॉप हो रहे हैं। कोई प्रभाव नहीं पड़ रहा। देवताओं ने तय किया है कि अब वे नये मंत्र की रचना करेंगे। हं... हं... हं... हं... मैं तो चला...।

4

ऊपरवाले के नाम एक प्रस्ताव

सूखा देने वाले हे प्रभु। बाढ़ लाने वाले हे देव। हे भाग्य विधाता। आपदा भेजने वाले। अपनी आँखें मत फेर। अपने वंदों पर कुछ तो रहम कर। हमारे धंधे के बारे में सोच। बच्चों का चेहरा देख। कुछ तो दया कर। घर-गृहस्थी कैसे चलेगी। यह दुखी नेताओं की प्रार्थना सभा थी।

विक्रम कंयूज्ड हो गया। स्कूल के दिनों में इसी सुर-ताल पर एक वंदना गाते थे। आँखें बंद कर। हे प्रभु आनंददाता-ज्ञान मुझको... पर यहाँ एकत्रित लोग आँखें फाड़ कर यह वंदना क्यों कर रहे हैं। वे आकाश क्यों निहार रहे हैं। बारिश नहीं होने की दुआएँ क्यों मांग रहे हैं। बेताल, तेरे तो बाल पक गये। आज तक ऐसी वंदना सुनी?

बेताल प्रकृति और भौतिक जगत के अंतरसंबंधों की परत उघाड़ता है। बाढ़-सुखाड़ तीज-त्योहार की तरह होते हैं। कुछ लोग ऐसे सालाना जलसे में मस्त होते हैं। जनता पस्त होती है। राजतंत्र में भी ऐसा ही होता था। राज दरबार के कारिंदे जनता का माल लील लेते थे। वे मालामाल हो जाते थे। बाढ़-सुखाड़ का आसरा ताकते थे। मशक्कत के बाद जनतंत्र आया। जनता राज। बाढ़-सुखाड़ ने भी आना नहीं छोड़ा। चुनाव के समय सूखा या बाढ़ आ जाये, तो सात पुश्त का इंतजाम हो जाये।

कथा आगे बढ़ती है। बेताल कहता है-एक राज्य में सूखा उत्सव मानने की तैयारी चल रही थी। चुनाव में जाने की बारी थी। अधिकारी-नेताओं की गिद्ध दृष्टि खजाने पर गड़ी थी। किसान-मजदूर सूखे की मार से दुबले हुए जा रहे थे। सरकारी फाइलें मोटी होती जा रही थीं। उसकी गति तेज थी। टेबुल-दर-टेबुल। सूबे की राजधानी से राष्ट्रीय राजधानी तक अधिकारी दौड़ लगा रहे थे। वे उत्साहित थे। चुनाव लड़ने वाले मन ही मन खुश हो रहे थे। जनता के बीच राहत ले जायेंगे। दो-चार आंसू बहायेंगे। बदले में चुनाव की याद दिलायेंगे। वोट से अपने खेत लहलहायेंगे। वे राहत बांटने की तैयारी में थे। पर ऐन वक्त पर इंद्र देव ने सब गोबर कर दिया। पानी बरस गया। किसान खुश हुए। लेकिन नेता दुखी।

दुखी नेताओं ने ऊपरवाले से फरियाद करने की ठानी। सभा बुलायी। भगवान के नाम प्रस्ताव पास किया। ये प्रस्ताव इस प्रकार थे-

1. दुख-तकलीफ से आदमी मजबूत बनता है। लिहाजा हर साल बाढ़ या सूखा का प्रबंध किया जाये।

2. एक साथ दोनों को भेजने में मुश्किल हो तो अल्टरनेट ईयर पर सूखा या बाढ़ का प्रबंध हो।

3. प्रत्येक पांच साल पर होने वाले चुनाव के एक-दो महीना पहले ऐसी आपदा भेजी जाये जिसमें राहत का खूब स्कोप हो।

4. राहत में वस्तुओं के बदले भारतीय मुद्राओं का प्रतिशत अधिक से अधिक हो।

5. आपदा ऐसी देना कि माल की क्षति हो। जान रहे। ताकि वोट पर असर न पड़े।

5

बकरी मैया की आत्मकथा

धूल उड़ रही है। एक काफिला आ रहा है। दूसरा जा रहा है। पालमपुर में मेला सा नजारा है। पालमपुर के लोग भी घबराये हुए हैं। ऐसा क्या हो गया कि नेताओं का हुजूम उनके गांव में जुट रहा है। पिछले चार-पांच दिनों से उनका जीना दुश्वार हो गया है। गांव के लोग मर-मैदान भी नहीं जा पा रहे हैं। गांव के सीवाने से लेकर अंदर तक सुरक्षाकर्मी बंदूक ताने खड़े हैं।

देशाटन पर निकले विक्रम और बेताल पालमपुर में कई दिनों से ठहरे हैं। कर्ज में डूबे एक किसान की आत्महत्या के बाद गांववाले दुखी हैं। चार महीने पहले भी एक नौजवान लटक गया था। किसानी सूखे की भेंट चढ़ गयी। गांव का हाल देख विक्रम द्रवित हुआ। बेताल ने सुझाया- बगल के गांव माधवपुर की हालत भी देख ली जाये। दोनों ने अगली सुबह पालमपुर से कूच करने का फैसला किया।

पौ फटने से पहले ही सैनिकों ने पूरे गांव को घेर लिया। बेताल को लगा कि दुश्मन राज्य के फौजी हैं, जो राजकुमार विक्रम को अगवा करने आये हैं। एक पल के लिए विक्रम डर गया। लेकिन सैनिकों ने घोषणा की कि सुबह सात बजे तक माननीय मंत्री आने वाले हैं। उनके साथ स्थानीय विधायक भी रहेंगे। लोगों को लगा मंत्री जी आयेंगे। राहत लायेंगे। विक्रम-बेताल की जान में जान आयी।

गांव के उत्तर-दक्षिण दिशा के बीच टीले के आसपास भीड़ जम गयी। उस जमाने में राजनीतिज्ञ टाइम का खयाल रखते थे। मंत्री जी एकदम राइट टाइम पर गांव में थे। सुरक्षा घेरे में उन्हें टीले तक लाया गया। बड़ी कुर्सी पर वह विराजे। साथ चल रहे कारिंदे से भोंपू लिया। वह बोलने लगे-पालमपुर के प्यारे लोगों। मुझे पता है कि आप कष्ट में हैं। पिछले कई दिनों से आपका चूल्हा उपास है। आप शोक में हैं। बच्चे भी मायूस हैं। मवेशियों ने पगुराना बंद कर दिया है।

दोस्तों, मुझे जैसे ही पता चला कि इस गांव में लायी गयी गांधी जी की बकरी स्वर्ग सिधार गयी, तो मुझसे रहा नहीं गया। वह बकरी सिर्फ इस गांव की नहीं, पूरे

सूबे की शान थी। मैं सरकार को प्रस्ताव दूंगा कि वह बकरी मैया का स्मारक बनाये। उनके नाम पर योजनाएँ चलाये। बकरी विशेषज्ञों ने बताया कि गांधी जी के गुजरात वाले आश्रम से उस बकरी मैया को लाया गया था। उनकी 127 वीं पीढ़ी का लिखित दस्तावेज आर्काइव में रखा हुआ है। पालमपुर के लोगों, आप महान हैं। इतिहास से आपका प्रेम अद्‌भुत है। दूसरे हजारों गांवों के लिए आप एक्जाम्पल हैं। आपने मेरा सिर गर्व से ऊंचा कर दिया है। और हाँ, जिस प्रकार आप सूखे से मुकाबला कर रहे हैं, यह महान देश की महान जनता ही कर सकती है।

विक्रम के हाथ लगे यह बकरी की आत्मकथा थी। मूल पांडुलिपि। उसमें बकरी ने लिखा था- मेरे मालिक के पास खाने को कुछ नहीं था। वह मुझे छोड़ शहर चला गया। मैं गांव में रहकर यह चुनाव देखना चाहती थी। पर अंतड़ी जवाब दे गयी। तब से हर दल मेरी मौत को लोकतंत्र का अपार नुकसान बता रहे हैं। लोकतंत्र जिंदाबाद।

6

टिकट के इंटरव्यू में फेल हो गये एमके गांधी

जी... मैं एमके गांधी।

यह आपका बायोडाटा है? इंटरव्यू बोर्ड में बैठे एक सदस्य ने पूछा।

जी, हाँ।

कहाँ से चुनाव लड़ना है?

करनामेचक विधानसभा सीट से। यह परिसीमन के बाद नयी सीट हो गयी है।

इस सीट पर कास्ट कंबिनेशन पता है आपको? पार्टी के महासचिव ने पूछा।

जी नहीं।

तो महराज, चुनाव कइसे लड़िएगा? यह प्रभारी महासचिव का सवाल था।

पिछले कई साल से उस क्षेत्र में काम कर रहा हूँ। लोग कास्ट को नहीं मानते। गांधी ने कहा।

कितने दिनों से इस देश को जानते हैं? आये? कहने के लिए कोई इसे नहीं मानता। समझे बुढ़ऊ बाबा? यह कोषाध्यक्ष की समझदारी भरी बात थी।

अध्यक्ष ने बुढ़ापे की मर्यादा समझी। उन्होंने कहा—बाबा हमारे कहने का मतलब यह है कि कास्ट से हम घिन करते हैं। इसे नहीं मानते। इसे प्रगतिशीलता कहते हैं। समझे?

इसके पहले कि गांधी कुछ कह पाते, अध्यक्ष ने भाव बदला। कहा—प्रगति और शील के बीच कास्ट को छुपा लेते हैं। इसे सब नहीं देख पाते। ताज्जुब है कि आपकी पारखी नजर इसे कैसे नहीं देख सकी। प्रगतिशीलता के साथ हम कास्ट का इस्तेमाल करते हैं। शादी-ब्याह के लिए तो यह जरूरी है। चुनाव के लिए यह अति जरूरी तत्व है। अब मेरा ही नाम देखिए। इससे जात का पता चलता है? नहीं न? लेकिन मैं आपको 243 सीटों पर कास्ट कंबिनेशन का हिसाब बता सकता हूँ।

महासचिव ने टांग अड़ाई। अति जरूरी नहीं, महा जरूरी है। जैसे महा रैला, महा पंचायत, महा विकास जरूरी होता है।

इंटरव्यू बोर्ड में बैठे एक धीर-गंभीर से लगने वाले सज्जन ने टोका-बाई द वे, आपकी जाति कौन सी है। किस जाति के कितने वोटर हैं करनामेचक सीट पर?

गांधी चुप। जाति का कोई हिसाब नहीं था उनके पास। उन्होंने बोलने की कोशिश की।

सचिव स्तर के एक पदाधिकारी ने कहा—ओह, आप नहीं समझ रहे बाबा। आपके पास बेसिक नॉलेज ही नहीं है। आपको कोई क्यों टिकट देगा? इलाके का भ्रमण किया है? कितने पैसे हैं आपके पास?

गांधी ने हिसाब मिलाया। न कोई बैंक खाता, न प्रोपर्टी। न चल, न अचल। सिर्फ ईमानदारी और नैतिकता है मेरे पास।

इंटरव्यू बोर्ड के मेंबरों को समझते देर न लगी। इस बूढ़े के पास एक पाई नहीं है। ट्रेजरी फुसफुसाये-मुझे तो लगता है कि यह फालतू आदमी है। न जात का पता है और न पास में पइसा।

प्रभारी महासिचव ने कहा—चुनाव लड़ने के नाम पर यह बूड्ढ़ा हमीं से पैसा मारना चाहता है। हमें बेवकूफ समझता है। इसकी तो जमानत भी न बच पायेगी।

वेष बदल कर एमके गांधी बना बेताल विक्रम के कंधे पर कूदता है। वह समझ गया कि यहाँ टिकट मिलने से रहा। कहा—विक्रम, मैं चलता हूँ। कल दूसरी पार्टी के दतर में मिलता हूँ। वहाँ भी इंटरव्यू देना है।

7

बह रही है पलटनिया हवा!

विक्रम पलटी मारता है। पलटी मारते वह खड़ा होता है। कभी लेटता है। कभी हवा में चलने की कोशिश करता है। कभी उछलता है, कभी कूदता है। कभी इधर पलटी।

कभी उधर पलटी। जहाँ से चाहता है, वहीं से पलट जाता है। शरीर को उसने बेहद लचीला बना लिया है।

झुरमुट से देख रहा बेताल हक्का-बक्का था। उसे समझ में नहीं आ रहा था कि विक्रम को हो क्या गया है। किसी सर्कस कंपनी में भर्ती होने का रियाज तो नहीं कर रहा? मौका ताड़कर बेताल ने विक्रम को पलटी मारते दबोच लिया। कंधे पर जाकर बैठ गया। हाँफते हुए बेताल ने पूछा-यह क्या हो रहा था? विक्रम ने लजाते हुए जवाब दिया- मुझे नहीं पता। पर हर पांच साल पर होने वाले चुनाव के मौसम में मुझे पलटनिया बीमारी धर लेती है। बहुत दिखाया। ओझा-गुणी के पास गया। पढ़े-लिखे डॉक्टरों से मिला। लेकिन किसी की दवा काम न आयी। किसी की फूंक का असर न पड़ा। सब बेअसर। सब बेकार। मेरे दोस्तों ने अल्लाह-ईश्वर के दर पर माथा रगड़ा। कोई फायदा नहीं हुआ।

हे बेताल! तेरे पास कोई नुस्खा हो तो बताओ। मेरे इस रोग को भगाओ। इसके चलते मेरा कहीं आना-जाना भी दुश्वार है। जमाना क्या कहेगा? यह सोच कर डरता हूँ। जहाँ भी अकेला होता हूँ, पलटी मारने लगता हूँ। अब तो भीड़-भाड़ में भी मेरा शरीर पलटी मारने लगता है। लगता है बीमारी बढ़ रही है। न जाने पांच साल पर कैसी हवा चलती है। देह में लगती है और पलटी स्टार्ट। मन का इस पर कोई वश नहीं चलता। बेताल सोच में पड़ा। दिमाग पर जोर डाला। उसकी ललाट पर बल पड़े। वह शून्य में देखने लगा।

उसने कहा—क्रोनिक डिजिज के रूप में इसकी पहचान हुई है। देश में 1952 के बाद से ही यह बीमारी चली आ रही है। तभी से इसके उपचार की कोशिश भी हो रही है। लेकिन बीमारी बढ़ती ही जा रही है। अलग-अलग श्रेणी की पलटनिया बीमारी अब एक हो रही है। दक्षिणपंथी पलटी रातों-रात सेक्यूलर पलटी हो रही है। वामपंथी पलटी तुरंत मध्यमार्गी पलटी में बदल सकती है। इस बीमारी को रोकने के लिए कानून बना। मगर भाई लोगों ने कानून को खूंटी पर टांग दिया। बेताल तुम्हें पता है कि आजादी के बाद से हजारों जनप्रतिनिधियों ने पलटी मारी है? फिलहाल तुम जिस राज्य से होकर गुजर रहे हो, उस बिहार में पलटी मारने वालों की तादाद सैकड़ों में होगी। 1967 में विधानसभा भंग होने के बाद पलटी मारने के दो सौ वाकये हुए।

विक्रम ने पूछा- वह तो ठीक है, मैं क्यों पलटी मारने लगा हूँ? बेताल ने कहा—कई दिनों से यहाँ आकर पॉलिटिकल सर्किल में घूम रहे हो। चुनाव का माहौल है। इसलिए पलटी बीमारी लग गयी है। सच कहूँ तो मुझे भी पलटी मारने की हार्दिक इच्छा हो रही है। सुनने में आता है कि इससे सेहत अच्छी रहती है। यह कह बेताल पलटी मारते हुए पेड़ पर लटक गया।

8

जै शिलान्यास, जै उद्घाटन

बेताल के पास खबर पहुँच गयी थी। कि विक्रम इस मार्ग से गुजरने वाला है। तभी से बेताल एनएचवे पर एक पेड़ से लटका उसकी राह देख रहा है। कई ट्रक-बस गजरे। पर विक्रम का कहीं पता न था। सुबह से लटके-लटके बेताल के बांह की नसें चढ़ने लगी थीं। लगता था कि बदन सुन्न हो जायेगा। राह देखते बेताल को विक्रम के व्यवहार में आये बदलावों का खयाल आया। बदलाव ही जीवन है। जो नहीं बदलते, वे टूट जाते हैं। इस हिसाब से विक्रम ने ठीक ही किया। इसी दिमागी कसरत के बीच उसने विक्रम को ट्रक चलाते देखा। वह खुश हो गया।

ट्रक पेड़ के नीचे जैसे ही आया धड़ाम की आवाज हुई। विक्रम को समझते देर न लगी कि बेताल आज हमारे कंधे पर नहीं, ट्रक पर सवार हो गया है। उस ट्रक पर लदा सामान देखकर बेताल को यकीन हो गया कि कोई गड़बड़झाला है। ट्रक पर लदे थे संगमरमर के पत्थर। तीन फुट बाई दो फुट के। ढेर सारी ईंटें। कई बोरी सीमेंट। कुछ बोरी बालू। दर्जनो चमचमाती थालियां। अगरबत्ती के पॉकेट। एक पोटली में अक्षत। रोरी। लाल रीबन। और यह क्या? बेताल की आँखें फटी रह गयीं। वह बुदबुदाया- इतनी बड़ी कैंची? विक्रम के हाथ में तलवार की जगह कैंची?

बड़ी मशक्कत के बाद बेताल खिड़की से होते हुए विक्रम के पास जा ही पहुँचा। उसने पूछा-यह क्या हो रहा है महराज? आप ठीक तो हैं। विक्रम ने बताया-पिछले कई दिनों से मैं शिलान्यास और उद्घाटन कार्यक्रमों में फंसा हूँ। जनता के काम में धंसा हूँ। बड़ा मजा आ रहा है। जनता मेरी बातों को बड़े गौर से सुनती है। ताली पीटती है। मेरे नाम के नारे लगताी है। जिंदाबाद कहती है। यह सब देख-सुनकर मन पुलकित हो जाता है। जन सेवा का चस्का मुझे खूब भा रहा है। लेकिन ट्रक सहित सामान के साथ शिलान्यास का क्या औचित्य है महराज? बेताल के सवाल पर विक्रम के अंदाज दार्शनिक हो जाते हैं। वह कहता है-जीवन क्या है? नश्वर। संसार क्या है? क्षण भंगुर। जब किसी चीज का कोई ठिकाना नहीं, तो क्यों नहीं गरीबनाथ के लिए जीवन अर्पित किया जाये? बेताल को जम्हाई लेता देख विक्रम ने बात बदली। कहा—चुनाव की घंटी कभी भी टनटना सकती है। सो, मैंने शिलान्यास और उद्घाटन का रिकार्ड बनाने की ठान ली। गिनीज बुक में मैं भी जाना चाहता हूँ। पांच साल में जो नहीं किया, अब कर लेना चाहता हूँ। पता नहीं फिर कब मौका मिले? जनता का मूड कौन जाने?

जानते हो बेताल—मैंने सड़क, पुल-पुलिया, बाँध, अस्पताल भवन, स्कूल भवन, सामुदायिक भवन, पार्क, प्ले ग्राउंड, सरकारी कार्यालय के लिए भवन, बिजली

घर सहित कई योजनाओं के शिलान्यास किये। बेताल ने बताया कि इन भवनों के शिलान्यास तो पहले ही हो चुके थे। फिर इसकी क्या दरकार? करोड़ों के डेड एसेट बनाने से क्या लाभ? यही तो रहस्य है। आओ। समझो। अस्पताल बनाना इसलिए जरूरी है कि लोग बीमार होते हैं। वे बीमार इसलिए होते हैं कि कुपोषण के शिकार होते हैं। हम कुपोषण तो नहीं मिटा सकते। तो क्यों नहीं बीमारी दूर भगाने का ता थ थइया कार्यक्रम चलता रहे। बेताल की आँखें चमक गयीं। ट्रक की खिड़की से बाहर जाते हुए उसने कहा—जै शिलान्यास, जै उद्घाटन।

9

विक्रम बन गया नत्था

कलाम साहब का बयान जब से सुना तभी से पॉलिटिक्स में आने का जुनून सवार हो गया था। समाज सेवा का यह मार्ग तभी से उसे लुभा रहा है। आखिर मनुष्य जाति का धर्म भी तो यही है—परोपकार परमो धरम...।

बेताल ने व्रिकम को समझाने की बहुँत कोशिश की। उसे पॉलिटिक्स के रंग-ढंग के बारे में बताया। पर विक्रम समझने को तैयार नहीं था। उसने कहा—हम हार मानने वाले नहीं हैं। आज की राजनीति के युवराज से लेकर घाघ पॉलिटिशियन यही कह रहे हैं कि युवाओं को इसमें आना चाहिए। यह समय की पुकार है। यूथ नये विजन के साथ आयेंगे, तो देश की तरक्की होगी। गरीबी-फरीबी जैसे दकियानूस शब्दों से हमें छुटकारा पाना होगा। हमें आगे बढ़ना है। आर्यावर्त का पुराना गौरव लौटाना है। इंटरनेट-लैपटाप के साथ आगे बढ़ना है।

विक्रम जन सेवा की भावना लिये एक पार्टी कार्यालय के गेट पर पहुँच गया। पैदल। वहाँ भारी भीड़ जमा थी। भारी गहमागहमी। दूर-दूर से लोग अपने समर्थकों के साथ पहुँचे थे। मुखमंडल से अधिक उनके कपड़े चमक रहे थे। कोई खादी पहने हुए था। कोई रेशम। महंगी पादुका ने उनके कदम को गर्वीला बना दिया था। बोलेरो पुरानी बात पड़ चुकी है। यहाँ कतारबद्ध है पजेरो और स्कार्पियो। विक्रम यह सब देख ठिठका। उसे महात्मा का पहनावा-ओढ़ावा कौंध गया। बेताल ने टोका- महराज, राजतंत्र तो हाथ से निकल गया। इसे अब नहीं छोड़िएगा। लोकतंत्र का असली राजा बनने का भरोसा मत तोड़िएगा।

पार्टी कार्यालय के बाहर एक नेतानुमा सज्जन ने विक्रम की मनोदशा भांप ली। उसने कहा—नौजवान दुविधा छोड़। हमारी पार्टी से नाता जोड़। हमारी पार्टी ईमानदारी, शुचिता को महत्व देती है। चकाचौंध देख घबरा मत। तुम जमीन से जुड़े

हो। उस नेता ने विक्रम के हाथ में कीमती धातु की बनी तलवार देख उसकी कीमत का अंदाजा लगा लिया। मन ललच गया। बोला- नौजवान, तुम्हे पता है हमारी पार्टी अस्त्र-शस्त्र की विरोधी है। अहिंसा को धर्म मानती है। सत्य के हम पुजारी हैं। यह तलवार दे दो। पार्टी फंड में जमा करा दो। और यह सोने का हार। यह कंगन। ये सब जनता की सेवा के बाधक तत्व हैं। माया है। इससे उबरना होगा। देश के लिए सब कुछ कुर्बान करना होगा। विक्रम ने सोचा-बेताल कितना गलत था। आज के पॉलिटिशिन के बारे में क्या- क्या बकता था।

पेड़ पर लटके बेताल ने देखा कि विक्रम को वहाँ टिकट नहीं मिला। उसे एक दूसरी पार्टी के कार्यालय में ले जाया गया। जब निकला तो शरीर पर लदे दूसरे गहने गायब थे। पर टिकट वहाँ भी नसीब नहीं हुआ। फिर उसे तीसरी, चौथी पार्टियों के दफ्तर से निकलते हुए देखा। इस बार उसके बदन के समस्त कपड़े गायब थे। पार्टी का वह नेतानुमा आदमी विक्रम को एक टिकट देता है और भीड़ में गायब हो जाता है। विक्रम मन ही मन खुश होता है। टिकट पा लिया। आखिरकार जंग जीत ली। वह बंद मुट्ठी खोलता है। अरे यह क्या! यह तो पीपली लाइव का टिकट है। बेताल कहता है- हे विक्रम, अब तू नत्था बन गया। जा फिलिम देख। हम यहीं लटके हैं। तेरे आने की राह देख रहे हैं।

10

आसमान लोक में भी चल रहा इलेक्शन सीजन

मैं उड़ते-उड़ते आसमान लोक पहुँच गया हूँ। क्या मेरी आवाज सुनायी दे रही है? मैं बेताल हूँ। लगता है कि लाइन डिस्टर्ब है। हाँ. . . विक्रम महराज.. . अब ठीक है। तो मैं कह रहा था कि यहाँ आसमान लोक में भी इलेक्शन का मौसम है। यहाँ चुनाव की घोषणा हो गयी है। इलेक्शन कमीशन ने एक ही चरण में वोट कराने का फैसला किया है। क्या वहाँ चुनाव का डेट आया? विक्रम ने जवाब दिया- सभी इंतजार कर रहे हैं। जंग-ए-मैदान में उतरने के लिए खुद को खुजला रहे हैं।

और क्या चल रहा है वहाँ? बेताल ने बताया कि यहाँ भी इलेक्ट्रॉनिक वोटिंग मशीन का विरोध हो रहा है। ठप्पा मारने की वहाँ वाली आदत लगता है गयी नहीं है। यहाँ भी दो-चार लोग मिलकर ही सारा वोट गिराने में यकीन रखते हैं। अमेरिका और इंग्लैंड का हवाला देकर इवीएम को नकारा जा रहा है। इस मुद्दे पर यहाँ की सभी पार्टियों ने एकता कायम कर ली है। चुनाव आयोग को झुकना पड़ेगा। इस बार नहीं तो अगले इलेक्शन तक टीं टां का चक्कर खत्म होने वाला है। ठप्पा

वाली पद्धति के पक्ष में और भी तर्क पेश किये जा रहे हैं। पार्टियों का कहना है कि लाइन में लगकर वोट देने से देश की ऊर्जा नष्ट होती है। इसका असर उत्पादकता पर पड़ता है। यहाँ के नेता उत्पादकता को लेकर कोई समझौता नहीं कर सकते। उन्होंने पांच साल के लिए टारगेट फिक्स कर रखा है। निजी और सार्वजनिक संपत्ति अर्जित करने का एजेंडा तय कर लिया है। क्या वहाँ के राजनेता भी ऐसा ही करते हैं?

और हाँ... यहाँ तो चुनाव खर्च की कोई सीमा नहीं रखी गयी है। पहले सीमा थी। पर उम्मीदवार सीमा से कई गुना अधिक पैसा खर्च करते थे। खर्च छुपाने के लिए हर उम्मीदवार जालसाजी करने लगा। आसमान लोक के एक-एक आदमी को पता चल गया कि सीमा से अधिक खर्च हो रहा है। पर फर्जी वाउचर से अपने खर्च को वे सीमा के अंदर दिखा देते थे। यहाँ के नेताओं ने तय किया कि फर्जी काम करने से ब्रह्मांड में हमारी बदनामी होगी। दूसरे लोक के लोग हमें गिरा हुआ प्राणी कहेंगे। इस तोहमत से बचने के लिए तय कर दिया गया कि खर्च चाहे जितना हो, उतना करो। अब तो कहा जा रहा है कि चुनाव लड़ने का खर्च भी सरकार को ही उठाना चाहिए। क्या हवाला से पैसा आना बंद हो गया? विक्रम ने सवाल किया तो बेताल ने कहा कि नहीं, हवाला के धन को भी ये किसी के हवाले नहीं करना चाहते। वे कहते हैं कि देशभक्त नागरिक को गलत पैसे का प्रयोग राष्ट्रीय कर्म में नहीं करना चाहिए। इससे राष्ट्र की क्षति होती है। यहाँ के एक नेता बात कर रहे थे कि धरती लोक के नागरिकों को चुनाव खर्च सरकार से देने की मांग करनी चाहिए। सुना है, भू लोक का ग्रोथ रेट काफी तेज है। कई राज्य तो 14-15 से नीचे बात ही नहीं कर रहे हैं।

हैलो ... कह रहा था कि यहाँ की पार्टियां उम्मीदवारों को 25-25, 30-30 लाख दे रही हैं। उम्मीदवार बनने के लिए मैं भी जुगाड़ कर रहा हूँ। पैसा मिलते ही हवाला से भेज दूंगा। वहाँ भी एक टिकट का प्रबंध हो जाये तो क्या बुरा। ओके। बाय।

11

आओ, सेंटु-सेंटु का खेल खेलें!

विक्रम का मुंह लटकता देख बेताल ने पूछा-क्या बात है महराज? कोई खास बात? विक्रम ने कहा—आज मुझे सेंटु-सेंटु होने का दिल कर रहा है। बेताल ने कहा—महराज

दिल्लगी छोड़ो। सच बताओ। मैंने इलू-इलू तो सुना है। पर यह सेंटु-सेंटु क्या है। क्या कोई नयी बीमारी है? जो इलू-इलू से भी खतरनाक है?

नहीं बेताल। आज मुझे भावुक होने का मन कर रहा है। सुबह जब से नींद खुली है, तभी से सेंटीमेंटल टाइप खयाल आ रहे हैं। चुनाव के मुद्दों ने मेरे सेंटीमेंट को जगा दिया है। मेरा खयाल है कि तुम भी मेरे साथ भावना में बहो। चुनावी मुद्दों की नदी में तैरो। मन हल्का हो जायेगा। बेताल को विक्रम की बहकी-बहकी बातें कुछ समझ में नहीं आ रही थीं। उसने टोका। कहा कि मुद्दे तो वही हैं। पुराने। तरक्की का सवाल है। महंगाई का बवाल है।

विक्रम ने कहा—इसीलिए सेंटीमेंटल होने की अधिक जरूरत है बुढ़ऊ। पुराने मुद्दों पर भावनाओं को जगाना पड़ता है। अब देखो न मध्यवर्ग कितना रो रहा है बेचारा। चीनी के दाम जपते सो रहा है। सुबह चाय की प्याली में नीम घोल रहा है। कितना कड़वा टेस्ट हो गया है। बच्चों की स्कूल फी बढ़ गयी। पेट्रोल के दाम बढ़ गये। मध्यवर्ग को महंगाई ने तोड़ दिया है। सुबह-शाम महंगाई पर ही होती है बात। जब किसी चीज की इंतहा हो जाये तो उसका रंग और असर बदल जाता है। महंगाई के साथ भी ऐसा ही हो रहा है। उसने ऐसा दर्द दे दिया है जो अब मीठा लगने लगा है।

महराज ने अपना एक अनुभव सुनाया- बगल वाले अंकल जी कह रहे थे कि एट हंड्रेड छोड़ना है। कोई नया मॉडल लेना है। बैंक से कर्ज मिल जायेगा। विक्रम ने समझाया कि महंगाई में गाड़ी बदलने की क्या जरूरत है? अभी तो दाल-रोटी पर आफत है। अंकल कहने लगे- पुरानी मॉडल की गाड़ी पर चढता हूँ तो अच्छा नहीं लगता। सड़क पर चलना आफत हो जाता है। लगता है लोग मुझे ही घूर रहे हैं। कई बार एक्सीडेंट होते-होते बचा। एस्टेटस की बात है।

बेताल को आश्चर्य हुआ। उसने पूछा कि गरीबों की बात करते-करते आप मध्यवर्गीय चिंताओं के साथ कब से हो गये महराज? विक्रम ने कहा—गरीबी की बात सुनते-सुनते सभी बोर हो गये हैं। वही दाल-रोटी की बातें।आखिर यह कितने दिन चलेगा? वैसे भी हम यह तय नहीं कर पाये हैं कि हमारे यहाँ गरीब कितने हैं? तो अब उनके बारे में बात करने से क्या फायदा? एजेंडा बदलना चाहिए। नये पिच पर नया गेम होना चाहिए। अब देखो न, हमारा मध्यवर्ग कितना समझदार हो गया है। दाल-रोटी से निकल नये मॉडल के उत्पादों पर दिलफेंक हो गया है। यही तो हमारी जान है। रोता रहता है लेकिन बाजार में रौनक भी यही लाता है। गरीब तो रोने के लिए ही धरतीलोक पर आये है। बेताल ने समझ लिया—महराज पर चुनाव और राजनीति का असर होने लगा है। उसने कहा—महराज लोकतंत्र में गरीबों को आप इस तरह इग्नोर नहीं कर सकते। उनका हालचाल लेकर आता हूँ। फिर आपको बताता हूँ। और यह कह बेताल उड़ चला।

12

चाप संस्कृति और चारण स्पर्श

यह दृश्य ऐतिहासिक था। अब तक ऐसा नहीं देखा था। बेताल की लंबी उम्र ने भी ऐसा नहीं देखा था। सामने से आ रहे कुछ लोग कमर से झुके हुए थे। कुछ की मुद्राएँ झुकने की थीं। कुछ रेंगने की हालत में पहुँच गये थे। विक्रम की उम्र ही क्या हुई है? उसने प्रश्न पूछा। इन मनुष्यों की शारीरिक बनावट ऐसी क्यों हो गयी है?

बेताल को भी कुछ समझ में नहीं आ रहा था। विक्रम की जिज्ञासा कैसे शांत करें। क्या बतायें। ये किसी दूसरे ग्रह के इंसान नहीं हैं। फिर इन्हें किसका शाप लग गया? बेताल ने इसका रहस्य जानने के लिए आँखें बंद की। ईष्ट देव को याद किया। उन्हें अपनी समस्या बतायी। बेताल ने जवाब देना शुरू किया- पहले ऐसा नहीं था। लोग तन कर चलते थे। देश-समाज की अगुवाई करने वाले राजनीतिक दलों की संस्कृति होती थी। विचारों की अहमियत थी। लोकतंत्र जीवित था। पार्टी के चाहे कितने भी बड़े नेता को अदना कार्यकर्ता भी अपनी बात कह सकता था।

धीरे-धीरे पार्टियों में बोलने की आजादी जाती रही। किसी एक नेता का एकाधिकार हो गया। विचारों का लोप गया। पार्टियों में एकतंत्री राज कायम हो गया। दिखाने के लिए सबको बोलने की छूट मिली है। पर व्यवहार में ऐसा नहीं होता। यह सबको पता है कि बोलने की कितनी आजादी है। बोलने वालों को अपनी सीमाओं का पता है। यह बीमारी आहिस्ता-आहिस्ता सभी दलों के आंगन में जड़ जमा चुकी है।

बेताल की तंद्रा नहीं टूटती। वह बोलता रहा—अब हालत यह है कि पार्टियों में बराबरी का सिद्धांत नहीं रहा। इसके सूत्र अब किताबों में ही बंद हैं। इसकी जगह ले ली चाप संस्कृति ने।

यह चाप संस्कृति क्या है? विक्रम ने पूछा।

इसे आमतौर पर लोग चापलूसी के नाम से जानते हैं। इस संस्कृति ने तेजी से विकास किया है। सबको अपने में समेट लिया है। पार्टी चाहे कोई हो-सब चाप संस्कृति से ओतप्रोत हैं। ग्लोबलाईजेशन में चापलूसी के दो अक्षर घिस गये। अब यह चाप हो गया। ऐसे अनेक शब्द हैं जो आकार में छोटे हो गये हैं। जैसे मम्मी अब मॉम या ममा बन गया है।

विक्रम जोर से बेताल को झकझोरता है। उसे ज्ञान द्वीप से वापस करता है। वह दिखाता है एक दृश्य। एक नेता के बड़े बंगले से कुछ लोग निकलते हैं। सभी बदलाव और क्रांति की बात करते हैं। पर सभी रेंग रहे हैं। विक्रम कहता है-पहले

लोग चरण स्पर्श करते थे। अब चारण स्पर्श का दौर है। चारण स्पर्श एक दर्शन बन गया है। यह दर्शन पहले झुकने फिर रेंगने की कला सिखाता है। यह नेताओं को गुदगुदाता है। उन्हें मुगालते की दुनिया में ले जाता है। वे खुद को इतिहास पुरुष मानने लगते हैं। बेताल मुस्कुराता है। कहता है-महराज, आप महान हैं। इतनी जल्दी सब जान गये। विक्रम टोकता है- तुम पर भी चारण संस्कृति का असर होने लगा? बेताल कहता है-सच बोल दिया। यह कह बेताल उड़ गया।

13

बयानोमेन्जाइटिस ने कई को पकड़ा

बयानोमेन्जाइटिस। यह नयी बीमारी है। डॉक्टर इसकी दवा तलाश रहे हैं। इस नयी बीमारी के बारे में बेताल ने विक्रम को जानकारी दी। विक्रम ने भोले मन से कहा—नयी-नयी बीमारियों ने सबको परेशान कर दिया है। जैसे-जैसे हम विकास कर रहे हैं, बीमारियां भी नये-नये रूप में सामने आ रही हैं। इस नयी बीमारी ने किसको अपनी चपेट में ले लिया? क्या है इसका लक्षण। कैसे होगा इलाज?

बेताल ने कहा—महाराज, यह नयी बीमारी साधारण आदमी को नहीं पकड़ती। हमारा लोकतंत्र जैसे-जैसे विकास कर रहा है, उससे जुड़े लोग अपने कारणों से ही बीमारी पैदा कर रहे हैं। विक्रम कुछ समझा नहीं। उसने पूछा-अपने कारणों से? बेताल ने कहा—आप तो जानते ही हैं, अधिकांश बीमारियां खुद के कारण से ही होती हैं। अब देखिए। बहुँत सारे लोग भर पेट खाना नहीं खाते। वे धुंआ खाते हैं या पीते हैं। ऐसे लोगों के बारे में कहा जायेगा कि वे जानबूझकर बीमारी बुला रहे हैं। कैलोरी का ध्यान रखेंगे नहीं और कुपोषण का शोर मचायेंगे। किसी सरकार को बदनाम करना होता है तो विपक्ष भूखे रहनेवाले लोगों को प्रमोट करता है। भुखमरी का हौव्वा खड़ा करता है। लोकतंत्र को अपवित्र करने की कोशिश की जाती है।

विक्रम ने कहा—चुनाव खत्म होने को है और तुम भाषण पर भाषण पेले जा रहे हो? बेताल ने कहा—महाराज, आप अधीर क्यों हो रहे हैं। बयानोमेन्जाइटिस इस चुनाव की बीमारी है। कहीं हो सके तो टांक के रख लीजिएगा। 2010 में इस बीमारी की पहचान की गयी।

इसमें होता क्या है? विक्रम ने फिर दोहराया।

बेताल ने कहा—महाराज, दूसरे और तीसरे दर्जे के नेता हर दिन बयान दे

रहे हैं। वे सब कुछ पर बोल रहे हैं। राज्य से लेकर देश और कभी-कभी विदेश के मसलों पर बोल रहे हैं। ऐसे ही एक नेता जी को इस बीमारी ने पकड़ लिया। वे जहाँ भी जाते, बयान देने के अंदाज में बोलने लगते। बोलते-बोलते कहते-तीन-चार पैराग्राफ हो गया। अब हो जायेगा। इसमें से काट -छांट कर कुछ छप जायेगा। वे घर में होते तो बीवी और बच्चों से उसी अंदाज में बात करते। कहते-आज भी भिजवा दिया है। जरा देख लेंगे। ठीक से लग जायेगा तो कल्याण हो जायेगा। बच्चे चौंक जाते। बीवी परेशान हो जाती। आखिर इन्हें हो क्या गया है?

घरवालों ने धर-पकड़ कर नेता जी को डॉक्टर के पास पहुँचाया। उनका हाल बताया। डॉक्टर को समझते देर न लगी। उन्होंने बताया-यूरोप में दो सौ साल पहले इस बीमारी का जिक्र मिलता है। ऐसे मरीजों का एक ही उपाय है। सुबह, दोपहर और शाम अखबारी कागज सुंघाओ। नेता जी के हस्तलिखित नेता जी के बयान दरवाजे पर चिपकाओ। इतना करने से फायदा न हो तो चुनावी फीवर उतरने का इंतजार करना चाहिए। इलाज का अनुसंधान जारी है।

बेताल ने कहा—महाराज अब तो समझ गये होंगे इस बीमारी के बारे में? यह सवाल उछाल बेताल उड़ गया।

14

अब बनेगी प्रायश्चित पार्टी!

मुझे आज प्रायश्चित करने का दिल कर रहा है। सुबह जब से नींद खुली है, तभी से प्रायश्चित मोड में आ गया हूँ।

कंधे पर सवार बेताल का कोई तार नहीं मिलता देख विक्रम ने पूछा- यह नया बखेड़ा क्या है? मेरे साथ भी शेयर करो। दिल हल्का होगा। कहते हैं कि मन की बात साझा करने से आदमी को इत्मीनान होता है। दिल और दिमाग को ठंडक मिलती है।

बेताल ने समझाया—प्रायश्चित कोई गड़ा खजाना नहीं। जिधर नजर दौड़ाओ, उधर प्रायश्चित करते लोग मिल रहे हैं। हाल के दिनों में मैं कई सभाओं में गया। नेताओं को सुना। वे प्रायश्चित कर रहे थे। वे बता रहे थे कि पिछले कई वर्षों से उनके साथ था। अब इनके साथ हूँ। मैं प्रायश्चित करता हूँ कि उनके साथ था। जनता भी उनके प्रायश्चित को ताली मारकर गंगा जल की तरह निर्मल बना देती है।

विक्रम झुंझलाया। कहा—पहेली मत बुझाओ। बात तो खोलो। बेताल ने एक

सभा का जिक्र किया। कहा—परसों ही एक पार्टी की मीटिंग में गया था। एक नेता पानी पी-पीकर अपने पहले वाले नेता को याद कर रहे थे। वे बता रहे थे कि हमारे पहले वाले नेता बहुँत गलत थे। मैं उनके साथ रहा, इसका प्रायश्चित है मुझे। उनके प्रायश्चित भाव ने बेताल को काफी प्रभावित किया। उसने नेता जी का रिकार्ड देखा। उसके मुताबिक प्रायश्चित वाले नेता जी 15 साल तक एक नेता के साथ थे। राजपाट में बराबर के साझीदार। पटना से दिल्ली तक छाये रहे। अधिकारियों की क्लास लेते रहे। खूब मजे लूटे। पाला बदल कर जनता के सामने आते ही उनका प्रायश्चित भाव जाग उठा। अब वे फिर मजे लूट रहे हैं।

बेताल ने बताया कि मैं किस-किस के बारे में बताऊं। पार्टी और उसके झंडे भले ही अलग हों, पर प्रायश्चित धारकों से सामना हो ही जा रहा है। विक्रम ने सुझाव दिया- चुनाव का टाइम आया है, क्यों न मिलकर प्रायश्चित पार्टी बना ली जाये। इसके कई फायदे एक साथ मिल जायेंगे। हम जनता से प्रायश्चित करेंगे। वह हमें माफ कर देगी। फिर पांच साल बाद हम जनता की अदालत में जायेंगे। उसे अपने वायदों की याद दिलायेंगे। कहेंगे कि गरीबी हम दूर नहीं कर सके। रोजगार नहीं दे सके। खेतों को पानी नहीं पहुँचा सके। बिजली की किल्लत भगा नहीं सके। हम ताल ठोककर कहेंगे कि हमें जो करना था, वह सब नहीं कर सके। हम इसका प्रायश्चित करते हैं। हम बार-बार प्रायश्चित करेंगे। जनता हमें माफ करेगी। हमारी ईमानदारी के गुण गायेगी। वह कहेगी कि कितने सिद्धांतवाले नेता हैं। साफ बोलते हैं। पिछले साठ साल से गलत कर रहे हैं। पर, हर पांचवें साल प्रायश्चित कर लेते हैं।

बेताल कुछ सोचने लगा। उसे अंगुलीमाल की कथा याद आयी। उसने प्रायश्चित किया। उसका जीवन बदल गया। डाकू और लूटेरे से वह संत में रूपांतरित हो गया। पर आज? उसने गहरी सांस ली। विक्रम ने उसे पार्टी बनाने की याद दिलायी। बेताल ने कहा—इनसे अच्छा तो अंगुलीमाल था। मुझसे पार्टी नहीं बनेगी। मैं जहाँ हूँ, वहीं ठीक हूँ। और यह कह बेताल उड़ गया।

15

कहीं कामरेड का कोट, कहीं कुर्ता

यह क्या? हवा उलटी दिशा में बह रही है? नदी की धारा भी साफ उलट गयी है? विक्रम को देखते ही बेताल धोती खोंसते हुए भागने लगा। आगे बेताल। पीछे

विक्रम। रगेदा-रगेदी। यह अजूबा नजारा था। आमतौर पर विक्रम के कंधे पर सवार होने को उतावते बेताल को यह क्या हो गया? यह ऐतिहासिक दृश्य था।

विक्रम ने हाँफते हुए आवाज दी—रुको तो सही। मेरी बात सुनो तो सही। इस तरह क्यों भागे जा रहे हो। बेताल ने पलट कर जवाब दिया- मैं तुमसे भय खाने लगा हूँ। तुम्हारे हाथों में यह लाल किताब देख कर मैं डर गया हूँ। इसे अपने से दूर हटाओ। विक्रम सोचता है-क्या जमाना आ गया है। कभी इस किताब को रखकर लोग फख्र महसूस करते थे। दास कैपिटल पढ़ समाज के अंतरसंबंधों को समझते थे। राज्य और क्रांति से अपनी बुद्धि खोलते थे। पर बेताल को इस किताब से क्यों एलर्जी जैसी हो गयी?

मैं तो गंवार आदमी। सर्वहारा। कामरेडों के संगत में रहा। उनसे सीखा। समाज-व्यवस्था के बारे में मोटा-मोटी नजरिया पाया। नक्सलबाड़ी से ही देख रहा हूँ। उतार-चढ़ाव। दर्जनों नौजवान लाल किताब पढ़ घर से निकल गये। क्रांति की जमीन तैयार करने। सब कुछ छोड़-छाड़ के। उनके कमिटमेंट पर कोई सवाल करता है, तो धिक्कारता हूँ। बेताल भावुक होने लगा था। विक्रम ने मौका ताड़कर फिर उसके नजदीक होने की कोशिश की। पर इस बार भी वही खेल। बेताल भागने लगा।

बेताल कहने लगा-क्रांति लाने वाले कई धाराओं में बंट गये। मैं जिस गांव में रहता हूँ, वहाँ के कुछ लोग क्रांतिकारी हो गये। कुछ अति क्रांतिकारी। कुछ अराजकतावादी हो गये। कई संशोधनवादी। कई मालिक कामरेड में बदल गये। कुछ मजदूर कामरेड हो गये। कुछ ठेकेदार कामरेड कहलाने लगे। कुछ लंपट सर्वहारा। कुछ बुर्जआ सर्वहारा। कुछ कामरेड का कोट हो गये। कुछ कामरेड का कुर्ता। कोई भूमिगत क्रांतिकारी तो कोई जमीन के ऊपर के क्रांतिकारी। क्रांति की ये धारा। क्रांति की वो धारा। इतनी धाराओं को देख मैं गश खाकर कई बार गिर चुका हूँ। उसमें मेरा हाथ भी टूट गया। और हाँ, कुछ कामरेड कास्ट सिस्टम के विरोधी तो कुछ सपोर्टर भी। लाल किताब एक। पर व्याख्या अपनी-अपनी।

विक्रम और बेताल के बीच की दूरी कम हो चली थी। फासला कुछ कदमों का रह गया था। पर बेताल फिर भागने लगा। कह रहा था-मुझे जाल में फंसाओं मत। चाल मत चलो। अब देखो न कुछ क्रांतिकारी पुलिसवालों को बंधक बना मार रहे हैं। कुछ कामरेड विधानसभा में पहुँचने के लिए पार्टियां बदल रहे हैं। यह लाल किताब का चीरहरण नहीं तो क्या है? तुमने कभी सोचा कि लाल किताब समाज में अब आकर्षण पैदा क्यों नहीं कर रहा? युवा खून लाल लहर पर क्यों नहीं सवार हो रहा? इनके पास एजेंडा क्या है?

विक्रम कहता है-इस किताब का क्या दोष? इस सिस्टम ने ऐसे कामरेडों को सोख लिया, तो बेचारी किताब क्या करे। बेताल का दिल थोड़ा पसीजा। कहा—ऐसी हालत में किताब क्या कहती है। कोई राह सूझे तो बताना। तुम पढ़ो अपनी लाल किताब। मैं उस पेड़ पर लटक रहा हूँ।

16

सेल की माया, प्रतिभा न हो जाया

विक्रम पर सेल बनाने का भूत सवार हो गया। बेताल खुश हुआ। रात-बिरात चलने में अब दिक्कत नहीं होगी। उसने पूछा-कितने दिनों में सेल बन जायेगा? विक्रम ने जवाब दिया-कोशिश कर रहा हूँ। बेताल ने फिर पूछा-कितना बड़ा सेल होगा। उसे कहाँ रखा जायेगा और उसे लेकर चलेंगे कैसे? विक्रम समझ गया। कहीं कोई कंफ्यूजन है। उसने पूछा—बेताल आप भी महान हो। किस सेल की बात कर रहे हो? वही जो आप बनाने जा रहे हो-बेताल ने पलट कर जवाब दिया।

मैं तो उस सेल की बात कर रहा हूँ जो नेता पैदा करता है। विक्रम के रहस्योद्‌घाटन पर बेताल ने फिर पूछा- यह नेता पैदा करने वाला सेल कैसा होता है? यह कैसा यंत्र है? कोई बड़ा उपकरण होगा? विक्रम ने समझाने की कोशिश की। पोलिटिकल पार्टियों में जो प्रकोष्ठ होते हैं, मैं तो उसकी बात कर रहा हूँ। बेताल अचकचाया। तो इससे क्या होगा?

विक्रम मुस्कुराया। बोला-पार्टियों के दतर घूम रहा था तो वहाँ नाना प्रकार के सेल देखे। तभी से दिल में हिलोरें उठ रही है। उसने बताया कि प्रकोष्ठों के अध्यक्ष और अन्य पदधारकों के लिए अखबारों में इश्तेहार देंगे। अपनी शर्तों पर उसमें आदमी बहाल करेंगे।

हाँ, तो लिखना शुरू करो। हम बनायेंगे- क्रीड़ा प्रकोष्ठ, सांस्कृतिक प्रकोष्ठ, वाणिज्य प्रकोष्ठ, शिक्षा प्रकोष्ठ, बुद्धिजीवी प्रकोष्ठ, महिला प्रकोष्ठ, युवा प्रकोष्ठ, अल्पसंख्यक प्रकोष्ठ, किसान प्रकोष्ठ, अनुसूचित जाति-जनजाति प्रकोष्ठ, साहित्यकार-रंगकर्मी प्रकोष्ठ, छात्र प्रकोष्ठ, लीगल सेल... बस भी करो विक्रम। इतना काफी होगा। विक्रम ने रोका। लोकतंत्र में ऐसे पराये विचारों को फटकने न दो। ये प्रकोष्ठ तो बगीचेनुमा पार्टी के फूल होते हैं। इससे पता चलता है कि हमारी जड़ें कितनी गहरी पैठी हैं।

बेताल ने माथा खुजलाते हुए एक सवाल पूछने की इजाजत मांगी। विक्रम ने कहा—पूछो। जब ये प्रकोष्ठ पहले से ही हैं तो फिर हम क्यों बनायें? विक्रम ने कहा—आज की तरह अपने-अपने क्षेत्र के एक्सपर्ट को सेल की जिम्मेदारी नहीं होगी। हम उसे स्पोर्ट्स सेल की जिम्मेदारी देंगे जिसका खेल से कोई वास्ता ही नहीं। सभी सेल ऐसे ही भरे जायेंगे। इससे लोगों में यह उम्मीद कायम रहेगी कि वह भी कुछ बन सकते हैं। महान लोकतंत्र का हृदय ऐसा ही विशाल होना चाहिए। उसमें सबको समाहित करने की क्षमता-कौशल होनी चाहिए।

विक्रम आज पूरे फार्म में था। उसने कहा—मेरे पास एक और आइडिया है। मैं चाहता हूँ कि इतने सारे प्रकोष्ठों के साथ कुछ और प्रकोष्ठ बना ही लिये जायें।

जैसे अपराध प्रकोष्ठ, हथियार प्रकोष्ठ, कालाबाजारी प्रकोष्ठ वगैरह। इसकी कमान उनके हाथों में होगी जो पूरी निष्ठा के साथ अपने-अपने फील्ड में काम कर रहे हैं। हम समान अवसर देने के हिमायती रहे हैं। किसी को यह नहीं लगना चाहिए कि लोकतंत्र में उसके लिए कोई जगह नहीं है। इससे हर एक की प्रतिभा निखरेगी।

बेताल के चेहरे पर कोई आभा नहीं दिखी। विक्रम ने इसका कारण जानना चाहा। बुझे-बुझे से बेताल ने पूछा- इसमें इंसानियत का कोई प्रकोष्ठ नहीं होगा? विक्रम के जवाब नहीं देने पर बेताल उड़ चला।

17

असली बेताल, नकली बेताल

विक्रम के कंधे पर सवार बेताल ने कलक्ट्री ऑफिस जाने की इच्छा जाहिर की। विक्रम का सवाल पूछना वाजिब था। सो, उसने पूछ लिया-उधर क्यों? बेताल ने कहा कि मुझे अपना नाम बदलना है। लोग कहते हैं कि नाम में बहुँत कुछ रखा है। पर पिछले आठ-दस दिनों से जो देख रहा हूँ, उसमें असली-नकली का कोई फर्क नहीं रह गया है। इसलिए सोचा क्यों न नाम ही बदल लिया जाये।

अब देखो न। कौन असली माओवादी है और कौन नकली? कुछ पता नहीं चल रहा है। यहाँ कौन ताल है और कौन बेताल? सबके ताल गड़बड़ा गये हैं। तो सोचा कि अपनी इज्जत क्यों गंवाई जाये। नाम ही बदल लिया जाये। खामखाह लोग मुझ पर शक करने लगेंगे। बेताल कहने पर हंसेंगे और पीठ पीछे कुछ कहेंगे। यह सब सुनने से अच्छा है कि अपना नाम ही बदल लो।

विक्रम बात बदलने के लिए कुछ कहता, उसके पहले ही बेताल बोल पड़ा—एक माओवादी कामरेड फोन पर अवतरित हुए। उनके हवाले से अब तक कही गयीं बातें झूठ निकलीं। वह सच कब बोलेंगे, हमें उसका इंतजार है। वह माओवादी हैं भी या नहीं, इसका कोई थाह-ठिकाना नहीं। बेताल कहने लगा-एनकांउटर के बाद बंधक बनाये गये चार पुलिसवालों के परिवारवालों का हाल देखा तुमने? एक को तो मार ही दिया। उनकी नजर में लुकस टेटे वर्ग दुश्मन थे। एक निम्न मध्यवर्गीय परिवार के प्रतिनिधि टेटे की पत्नी-बेटियों की दुनिया ही उजाड़ दी गयी।

बंधक बनाये गये पुलिसकर्मी अभय यादव की पत्नी, उनके बच्चों, परिवार वालों के साथ असंख्य लोगों की भावनाओं के साथ एक फर्जी माओवादी खेल कर चला जाता है। पर, असली माओवादी भी चुप हैं। सात दिनों से यह परिवार अपने

मुखिया के आने की प्रतीक्षा कर रहा है। चूल्हा उपास है। बच्चों की भूख किसी अनहोनी की आशंका ने खा ली है। बंधक बने रूपेश और एहसान का हाल जाना? उनके घरों में भी कोहराम मचा है। बूंढ़ी आँखें अपनों के आने का इंतजार कर रही हैं। आगे निकलने की भेंड़ चाल में चैनल भी पीछे नहीं रहे। बेताल कहता है-रविवार को सुबह से शाम तक चैनल ड्रामा दिखाते रहे। किसी ने सोचा भी नहीं कि सच क्या है? संवेदना और सरोकार पर होड़ भारी पड़ गयी।

विक्रम पूछता है, ये माओवादी कौन हैं? नक्सली कौन हैं? बेताल ने बताया चीन की क्रांति के नायक माओ-त्से-तुंग के विचारों को मानने वाले खुद को माओवादी कहते हैं। नक्सली मार्क्स-लेनिन और माओ की विचारधारा मानते हैं। पर माओवादियों को नक्सली कहलाने में परहेज नहीं। अब दोनों का घालमेल कर दिया गया है। विक्रम उदास हो गया। उसने कहा—मुझे आदमी ही बने रहने दो। तुम भी अपनी पहचान मत छोड़ो। नाम में बहुत कुछ रखा है। इसे मत मिटाओ। बेताल को विक्रम की बातें पसंद आयीं। उसने नाम बदलने के कागजात फाड़ डाले और बगल के पेड़ पर जाकर लटक गया।

18

जंग-ए-चुनाव में उतर गया बेताल

कंधे पर बैठने के बदले आज बेताल जमीन पर उतरा। पांव रखते ही उसने तलवार भांजनी शुरू कर दी। हवा में लहराती तलवार। युद्ध के समय बजने वाले नगाड़े की आवाज कहाँ से आ रही थी, पता नहीं। पर बेताल सीरियस होकर तलवार लहराता रहा। विक्रम की हिम्मत नहीं हो रही थी कि उसे रोके। कहीं हाथ इधर-उधर चल गया तो लेने के देने पड़ जायेंगे।

विक्रम चिल्लाया। पूछा—क्या किसी जंग की तैयारी कर रहे हो? कोई मुकाबला है? किसी रणभूमि में उतरने की ठानी है? हाँफते हुए बेताल ने कहा—जिसका इंतजार था, वह हो गया। विधानसभा चुनाव की तारीख घोषित कर दी गयी। अब मुकाबले का इंतजार है। हम भी चुनाव में लड़ने की सोच रहे थे। कई पार्टियों में बायोडाटा जमा किया है। वहाँ से टिकट मिला तो ठीक, वरना आजाद होकर लडूंगा। तलवार को चुनाव चिह्न रखूंगा। बाकी जनता की मर्जी।

जनता की बात निकली तो विक्रम ने पूछा- जनता जानती है? पहचानती है आपको? जनता के लिए किया ही क्या है? वोट किस मुंह से मांगोगे? बेताल

का जवाब हाजिर था-जनता के नाम की माला जपता हूँ। उसकी ही पूजा करता हूँ। जनता की चिंता में गला जाता हूँ। वैसे भी लोकतंत्र तो जनता के लिए जनता के हाथों ही चलता है। हम क्या हैं? हमारी औकात ही क्या है? विक्रम ने कहा—बात तो ठीक है बेताल। पर एक बात नहीं समझ पाता हूँ। जनता की चिंता तो करते हैं नेता। लेकिन गलती जाती है जनता। इसका क्या हिसाब है?

सिम्पल-बेताल ने कहा। चूंकि वह लोकतंत्र चलाती है, असली मालिक है, तो परेशानी भी उसे ही उठानी होगी न? देखते नहीं हो घर के मुखिया की हालत कैसी हो जाती है। बेचारा मुखिया! बच्चे गुलछर्रे उड़ाते हैं। हम तो जनता के बच्चे ही हुए न? देखो तो आबादी कैसे बढ़ रही है। रोटी और पेट की दूरी बढ़ रही है। बच्चों की फीस बढ़ रही है। पेट्रोल-डीजल के दाम बढ़ रहे हैं। विकास हो रहा है। सुख-सुविधा के साधन बढ़ रहे हैं। जिंदगी में आरामतलबी बढ़ रही है। एटीएम की संख्या बढ़ रही है। गाड़ियों की रफ्तार बढ़ रही है। बीमारी बढ़ रही है। दवाओं का कारोबार बढ़ रहा है। गरीबी भी बढ़ रही है। ऐसे में धर्म क्या कहता है? नैतिकता-मर्यादा क्या कहती है? जब सब कुछ बढ़ रहा है तो परेशानी भी बढ़ेगी ही। इस परेशानी से परेशान क्यों होना। यह तो नियति है मेरे भाई।

विक्रम बोल पड़ा है—तू तो प्रोफेशनल लीडर की तरह बातें करने लगा। चुनाव की तैयारी में ही यह हाल है, तो चुनाव जीत कर क्या करोगे? बेताल ने कहा—हर बढ़ने वाली चीज को तेजी से बढ़ाऊंगा। वरना इतिहास हमें माफ नहीं करेगा। अच्छा विक्रम मुझे जनता के बीच जाना है। मैं तो चला।

19

खुदाई में मिली आश्वसानों की लिस्ट!

बेताल जिस मस्त अदा के साथ विक्रम के कंधे पर सवार हुआ, उससे लग गया था कि वह आज बेहद खुश है। बेताल जब खुश होता है तो किस्सागो बन जाता है। सो विक्रम ने पूछ ही लिया - आज की कथा का प्लॉट क्या है? बेताल तो सीधे कहानी ही शुरू करने के मूड में था। लेकिन विक्रम के सवाल का जवाब देना उसकी मजबूरी थी। उसने बताया कि आम तौर पर मैं बीते समय की कहानियां सुनाया करता हूँ। पर आज मैं डेढ़ हजार साल आगे की कहानी बताने जा रहा हूँ। यह कह बेताल आँखें बंद कर लेता है। वह शून्य में चला गया।

ये चीनी यात्री फाहियान के वंशज हैं। वह भारत में जहाँ-जहाँ गया, उनके वंशजों ने वहाँ-वहाँ जाने की ठानी है। पाटलिपुत्र उन्हें आकर्षित करता है। महान राज्य! उसके वंशज अपने यात्रा वृतांत में लिखते हैं- वर्ष 3510 में एक जगह खुइाई की गयी। वहाँ एक विशाल भू-खंड पर बनी इमारत के अवशेष मिले। इसके बारे में कहा जाता है कि यहाँ निर्वाचित जनप्रतिनिधि बैठते थे। तब उन्हें विधायक कहा जाता था। खुदाई में कठोर धातु के रॉड मिले हैं। कहा जाता है कि इसे लोग माइक कहते थे। इसका उपयोग बोलने के लिए किया जाता था। खुदाई में मिले ये उपकरण टेटे-मेढ़े हो गये थे। लगता है इसका उपयोग बोलने के साथ मारपीट के लिए भी किया गया होगा। लकड़ी जैसी वस्तु की फट्टियां भी मिलीं। लकड़ी की इस आकृति का इस्तेमाल लोग एक-दूसरे को डराने, धमकाने अथवा मारने-पीटने में किया करते थे। इस बात की छानबीन की जा रही है कि क्या तब के सभासद मारपीट भी करते थे? फाहियान के यात्रा वृतांत में जहाँ बौद्ध मठों, अध्ययन केंद्रों, समाज में शांति और भाईचारे का जिक्र मिलता है, वहीं इस दल को अब तक ऐसे सुराग नहीं मिले हैं। अध्ययन दल ने कहा है कि जब तक शांति-सौहार्द के सबूत नहीं मिलते, तब तक खुदाई अभियान जारी रहेगा।

अलबत्ता, खुदाई दल को आश्वासनों की लंबी लिस्ट मिली है। यह अब तक की सबसे लंबी लिस्ट बतायी जा रही है। इसके अध्ययन के लिए दुनिया के विभिन्न लोकतांत्रिक मुल्कों के रिसर्च फेलो से संपर्क किया जायेगा। यह दल इस बात का पता लगायेगा कि इन आश्वासनों में से कितने पूरे हुए और कितने अधूरे रह गये थे। अध्ययन दल आश्वासनों को श्रेणीबद्ध करेगा। इन आश्वासनों से तब के समाज और उसकी जरूरतों का पता लग सकेगा। इस लिस्ट पर खुदाई दल ने हैरानी प्रकट की है। उसका कहना है कि उस काल के लोग बड़े धैर्यवान थे। इतना धैर्य कैसे आया, इसके अध्ययन को सरकार ने मंजूरी दे दी है। यह रिसर्च जर्मनी की एक प्रयोगशाला में होगा। वहाँ के वैज्ञानिकों ने तब के किसी जीव के मृत कंकाल की मांग की है। ताकि अध्ययन को ठोस आधार मिले। विशेषज्ञों का कहना है कि इस शोध से दुनिया को धैर्य के बारे में नयी रोशनी मिलेगी।

एक अन्य खुदाई में इस दल को तब के राजनैतिक हालातों से संबंधित एक महत्वपूर्ण दस्तावेज भी मिला है। इससे पता चलता है कि तब के राजनीतिज्ञ सिद्धांत और मूल्यों के प्रति बेजा समर्पण का दिखावा नहीं करते थे। वे जब जैसा - तब तैसा मार्ग के अनुयायी थे। विशेषज्ञों ने इसे समयबद्ध ईमानदारी का दुर्लभ नमूना माना है।

विक्रम ने कहा—ईमानदारी? यह सुन बेताल की आँखें खुल गयीं। उसने कहा—तुमने बीच में टोक दिया। अब मैं चला।

20

खतरनाक है आँख मिलाना, तो चश्मा डालो

बदले लुक में बेताल ने विक्रम के कंधे की सवारी की। उसका चश्मा गिरते-गिरते बचा। आँखों पर काला चश्मा? विक्रम को हैरानी हुई। उसने पूछ लिया-यह चश्मा कब से...? क्या आँख की रोशनी जाती रही? सब सही-सलामत तो है? यह किसी को भी हैरानी में डालने वाला वाकया था। अब तक इतनी लंबी पारी खेलने वाले और इतने वसंत देखने वाले बेताल को अब चश्मे की क्या दरकार पड़ गयी। धूल-धक्कड़ का मौसम भी नहीं है। फिर किस चीज से बचने के वास्ते उसने काला चश्मा डाल रखा है? सवाल तो लाख रुपये से अधिक का था। पर जवाब बेताल को छोड़कर देगा कौन?

विक्रम ने फिर आँखों पर चश्मा चढ़ाने की वजह पूछी। बेताल को लगा इस सवाल का जवाब दे देने में कोई हर्ज नहीं है। विक्रम के साथ-साथ आमलोगों को भी यह जानने में कोई बुराई नहीं है। उसने बताया-इलेक्शन के ऐलान के बाद नेताओं के दरबार सज गये हैं। पार्टी के कार्यकर्ता अपने बायोडाटा के साथ उन्हें घेर रहे हैं। ये ऐसे पार्टी वर्कर हैं जो सालों से अपनी -अपनी पार्टियों के साथ लगे हुए थे। चुनाव उनके लिए एक आसरा है। टिकट मिल गया और चुनाव जीत गये तो जीवन सवारथ। वरना उन भाइयों की लिस्ट में नाम जुड़ जायेगा जो जिंदगी भर राजनीति करते रहे। पर कुछ भी न मिला। खाली हाथ आया था रे बंदे, खाली हाथ जायेगा-कह कर मन को तसल्ली देने के अलावा चारा ही क्या रहेगा?

विक्रम ने टोका- तुम्हारे साथ यही दिक्कत है। बात के ओर-छोर का पता ही नहीं चलता। रेलगाड़ी के माफिक अपनी बात भी सीधी रखो। बेताल ने कहा—बीच में टोका-टाकी मुझे पसंद नहीं। माफ करना। मैं अपनी बात ऐसे ही सुना सकता हूँ। लाइफ-स्टाइल बदल गया तो क्या, मैं ऐसे ही सुनाऊंगा। हाँ, तो मैं बता रहा था कि पार्टी के वर्कर अपने नेताओं को बायोडाटा दे रहे हैं और आँखों ही आँखों सवाल कर रहे हैं- मेरा क्या होगा। टिकट मिलेगा या इस बार भी बायोडाटा बाउंस कर जायेगा? पारखी नेताओं को पता है कि वर्करों की आँखों में कौन सा सवाल उतरा रहा है। उनकी कातर नजरों से बचने के लिए नेता यह नुस्खा आजमा रहे हैं। वे आँखों पर चश्मा डाल ले रहे हैं।

पार्टी कार्यालयों में टिकटार्थियों की उमड़ रही भीड़ के बीच नेताओं और वर्करों के इस अंतर्भाव को देख मैं दंग रह गया। वर्करों के बारे में सोचने वाले एक नेता ने बेताल से कहा—टिकट किसे मिलना है, यह तो पहले से ही तय है। पर

लोकतांत्रिक प्रक्रिया का कोरम पूरा करना मजबूरी है। यह कोरम बायोडाटा के कोरस से ही पूरा हो सकता है। यह आस्था का भी सवाल है। उसने कहा—नेताओं का यह आइडिया बिंदास है। मैं भी कई लोगों को कहानी सुनाने का वायदा कर चुका हूँ। सोचा, कहानी सुनाने वाले तकादा करेंगे, तो आँख चुराना पड़ेगा। इससे बेहतर यही है कि आँखों पर चश्मा चढ़ा लो। हड़बड़ी में बेताल ने चश्मा डाला और यह कहते हुए उड़ गया कि देखो कहानी सुनने वाला एक बंदा आ रहा है।

21

सेवइयों-पकवानों में है वोट की तासीर

माथे पर सेवई का लच्छा और पकवानों की गठरी लिये बेताल का हुलिया विचित्र लग रहा था। उसे देख विक्रम जोर-जोर से हंसने लगा। कहा—अपनी सूरत आईने में देखो। इसे देख लोग खायेंगे क्या और वोट क्या देंगे?

बेताल ने रिएक्ट किया। तुम्हारे दिल में कितनी मैल बैठ गयी है, विक्रम। कितना अच्छा आदमी समझता था। तुम उतने ही तंगदिल निकले। लानत है। इन सेवइयों और पकवानों को तुमने वोट से जोड़ दिया?

विक्रम सकते में आ गया। लगता है सचमुच बेताल का दिल दुखा दिया। विक्रम ने सॉरी किया। पर बेताल मानने को तैयार नहीं था। उसने कहा—चुनाव में उतरने के पहले ऐसी तोहमत कोई और लगाता, तो उसका हुलिया बिगाड़ देता। पर सामने तुम हो। विक्रम ने सफाई दी- पूरे महीने नेता लोग इफ्तार में बिजी रहे। रोजेदारों को इफ्तार कराते रहे। सोचा कि तुम भी कुछ वैसा ही प्रोग्राम बना रहे हो। और ऐसे करने में हर्ज ही क्या है। कितना अच्छा लगता है। हिन्दू नेता रोजेदारों को बुलाते हैं और रोजा तुड़वाते हैं। यही तो हिन्दुस्तान की पहचान है। भाईचारे की जड़ें बहुत गहरी हैं। इस भाईचारे पर कई भाई लोग सवाल उठाते हैं। तुष्टीकरण और वोट बैंक की बात करते हैं। पर इससे तुम घबाराना नहीं बेताल। इन सबसे तुम ऊपर हो। वैसे, तुष्टीकरण का जाप करने वाले भी अब इफ्तार दे रहे हैं। वह खुद को सेक्यूलर दिखाना चाहते हैं। यही वह कुंजी है जो सत्ता के दरवाजे खोलती है। धर्मनिरपेक्षता ही हमारी पूंजी है। बोलो-सेक्यूलरिज्म की जै। इस पर बुरी नजर गड़ाने वालों की क्षय।

चोप्प! इतने भोले मत बनो। बेताल ने गुजरते हुए कहा। मुझे सब समझ में आता है। जब से चुनाव में उतरने की सोच रहा हूँ, तुम्हारा व्यवहार ही बदल गया

है। तुम्हारे व्यंग्य वाणों से मेरा दिल बिंध गया है। क्या नेतागिरी इतनी खराब चीज है?

ऐसा मैंने कब कहा मेरे दोस्त। यह तो पब्लिक कहती है। विक्रम ने धीरे से कहा।

बेताल बिफर गया। उसने कहा—पब्लिक को छोड़ो। तुम तो अपने हो। चुनाव में उतरने से पहले क्या हिसाब-किताब करना गुनाह है? मुझे तो इसका ख्याल रखना ही होगा कि किस सीट पर किस बिरादरी के लोग हैं। जाति-समुदाय का विकास होगा तो देश का विकास होगा। यह सब देश से बाहर तो है नहीं? देश के लिए थोड़ा व्यापक बनो। दिल को चौड़ा करो। उदारता से सोचो। महान देश के महान नागरिक! जाति निरपेक्ष, समुदाय निरपेक्ष कहते-कहते जाति-जाति खेलो। दोनों आपस में मिलकर पानी हो जायेंगे। फिर तुम जो देखो, वही दिखेगा। अब देखो न जाति तो दिराखे पर बैठती नहीं। वह उतर कर मैदान में चली आती है। अब मैं क्या करूं?

क्या ऐसा नहीं हो सकता कि भूखे को भोजन दो? वस्त्रहीन का तन ढंको? विक्रम को समझाने के अंदाज में बेताल ने कहा—मुफलिसी में रहने वालों और दरिद्र नारायणों की तुम बात कर रहे हो! तो बताओ, बदले में वे हमें क्या देंगे। वैसे भी देने के लिए उनके पास है ही क्या। एक अदद वोट देने की हैसियत भी है उनकी? तुम्हारे जैसे हमदर्द तो मेरी खटिया ही खड़ी कर देंगे। और मुझे ऐसा नहीं करना। मुझे चुनाव में उतरना ही है। मैं तो सेवाइयां और पकवान खिलाने चला। शब्बाखैर!

22

बेताल को मिल गये टिकट महराज!

चलते-चलते विक्रम काफी दूर निकल गया। पर कंधे पर सवार बेताल चुप। जुबान से एक शब्द नहीं। कोई आवाज नहीं। विक्रम हैरान। यह क्या हो गया। बेताल की बोलती क्यों बंद हो गयी? उसने कहा भी-कुछ बोलते क्यों नहीं। मुंह क्यों सील लिये हो। किसी से नाराज हो? किसी ने कुछ कह दिया? क्या किसी की बात दिल में धंस गयी है? इतने सारे सवालों पर बेताल ने कोई प्रतिक्रिया नहीं दी।

विक्रम के कदम कुछ दूर बढ़े ही थे कि बेताल अचानक कंधे से कूद गया। मुंह दूसरी दिशा में कर बोलने लगा-नारम कुंडम, पुंडम मुंडम। फिर चक्कर काटा।

रूका और बोलने लगा-नारम कुंडम, पुंडम-मुंडम। काटो तो खून नहीं। बेताल की इस बकबकी का क्या अर्थ। कहीं अनर्थ तो नहीं हो गया। इसका दिमाग तो नहीं घूम गया? हाय री किस्मत। ऐन चुनाव के वक्त ही यह होना था? विक्रम मन ही मन बुदबुदाया। लेकिन लगता है बेताल ने सुन लिया। उसने कहा—मेरा दिमाग एकदम ठीक है। सौ परसेंट सही हूँ।

पहले खामशे थे। जुबान हिली तो अगड़म-बगड़म बोलने लगे। कोई भी यही समझेगा कि इस आदमी की दिमागी हालत ठीक नहीं। विक्रम ने यह कहा, तो बेताल झुंझला गया। कहा—माफ करना। तुम मेरे महराज हो, लेकिन लगता है कि अब तुम आला दर्जे के बेवकूफ हो गये हो। चुनाव का टाइम है न। कुछ कड़े शब्द भी बर्दाश्त करने होते हैं। लेकिन मैं नाराज चल रहा हूँ। इसलिए कभी-कभार ही बोल रहा हूँ। विक्रम की उत्सुकता और बढ़ी। नाराजगी? किससे? किस बात की नाराजगी है? बेताल ने कहा—हाँ, उसी से नाराज हूँ। नाराजगी के कई कारण हैं। उसने सत्यानाश कर दिया। उसने हमारी दिशा बदल दी। अब बचा ही क्या?

विक्रम ने कहा—यह तो ठीक है। पर नाराजगी की वजह तो बताओ। क्यों बताऊं नाराजगी की वजह? इतना सुन लो कि नाराज हूँ। नारम-कुंडम, पुंडम-मुंडम। विक्रम अचकचाया। यह बीच-बीच में क्या बोल दे रहे हो? यह क्या है? हमें तो बताओ। बेताल ने कहा—एकबार बोल चुका हूँ कि नाराज हूँ तो समझ लो नाराज हूँ।

ओ हो , यह तो समझ लिया। पर वजह अब तक नहीं समझ पाया। बेताल कहता है- सच बोलूं? यही तो मैं भी नहीं समझ पा रहा हूँ कि मेरी नाराजगी किस बात के लिए है। बस मैं नाराज हूँ। यह बात मेरे आका तक पहुँची तो वह मनाने आ गये। उन्होंने भी पूछा, तो मैंने कहा नाराजगी? और आपसे? क्या बात करते हैं। उन्होंने मेरे कुछ समर्थकों को टिकट देने का वायदा किया है। सम्मान भी देंगे। तो अब काहे की नाराजगी। गुस्सा तो कब का थूक चुका हूँ। यह पूरा वृतांत सुनाना चाह रहा था। लेकिन तुम तो बोलने का मौका ही नहीं दे रहे थे।

विक्रम का मुंह खुला रह गया। तो क्या तुम कुछ टिकटों के लिए नाराज थे? मैं तो समझ रहा था कि कोई नीति-सिद्धांत की बात होगी। गरीबी दूर करने का मसला होगा। आम लोगों की बेहतर जिंदगी का फलसफा होगा। लेकिन तुम इन टिकटों के लिए? बेताल बोला-मेरे प्यारे महराज। मैं नाराज था। अब नहीं हूँ। मैं कभी नाराज नहीं होता। मैं कभी-कभी नाराज होता हूँ।

23

योजनाओं की दुनिया

पढ़ने-लिखने से जिसे मतलब नहीं, उसके हाथों में मोटा पोथा किसी को भी हैरान कर सकता है। बेताल के हाथों में कागज का बंडल देख विक्रम की मनोदशा ऐसी ही हो गयी। उसने कागजात के बारे में पूछा-क्या है। इतने गौर से क्या देख रहे हो? बेताल ने कहा—मैं चिंतन की प्रक्रिया से गुजर रहा हूँ। सोच रहा हूँ कि मैं भी इसमें कुछ जोड़ दूं। जो आता है इसमें कुछ न कुछ जोड़ जाता है। इसलिए इसकी लंबाई बढ़ती ही जा रही है।

आज विक्रम की बारी थी। उसने थोड़ी ऊंची आवाज में कहा—बुझौवल मत बुझाओ। साफ-साफ बताओ कि यह है क्या? बेताल भी उसी अंदाज में गरजा। पूछा-है हिम्मत? तो सुनो। यह है हमारे देश में चलने वाली योजनाओं की लिस्ट। तुम्हे पता है कि नाना प्रकार की 125 योजनाएँ चल रही हैं। इन योजनाओं का मकसद आम लोगों का जीवन स्तर सुधारना और गरीबी को दूर भगाना है। अब बताओ अपने यहाँ इतनी योजनाएँ चल रही हैं, तुमको पता था? नानी याद आ गयी न? तो इसमें परेशानी क्या है? किसी भी लोक कल्याणकारी राज्य में जनता के लिए ऐसी योजनाएँ तो चलनी ही चाहिए। यह विक्रम की वाणी थी।

इस पर बेताल कहने लगा-परेशान इसलिए हूँ कि मैं कौन सी योजना आरंभ करूंगा? मेरे लिए तो कोई सेक्टर बचा ही नहीं है। बच्चों के लिए सोचता हूँ, तो उनके लिए पहले से योजना चल रही है। महिलाओं के लिए किसिम-किसिम की योजनाएं चालू हैं। बुजुर्गों पर नजर गड़ाता हूँ, तो सहारे की लाठी रूपी योजनाएँ मिल जाती हैं। भूखों के लिए योजना। रोशनी के लिए योजना। पानी की योजना। सफाई की योजना। अनुसूचित जाति के लिए योजना। इंदिरा आवास योजना। जननी बाल सुरक्षा योजना। अनुसूचित जनजाति के लिए योजना। छात्रों के लिए योजना तो छात्राओं के लिए योजना। कहीं लाल कार्ड तो कहीं पीला कार्ड। बच्चों को स्कूल लाने के लिए कहीं मिड डे मिल योजना तो कहीं उन्हें स्कूल में टिकाये रखने की योजना। गरीबों को अनाज देने की योजना। इस पर तुर्रा यह कि जो सरकार में आता है, वहीं दो-चार योजना शुरू कर देता है। ओफ! इतनी योजनाओं के रहते दूसरी क्या योजना हो सकती है?

विक्रम एक बात बताओ। इतनी सारी योजनाओ के बाद भी गरीबों की गरीबी भाग क्यों नहीं रही? समस्याएँ बढ़ती ही जा रही हैं? विक्रम ने कहा—मैं इकोनॉमिस्ट तो हूँ नहीं। इसका जवाब तो विद्वान बंधु ही दे सकते हैं। उन्हें पकड़ो। वे ही योजनाओं की महिमा की व्याख्या बता सकेंगे। वैसे मुझसे जानना चाहते हो, तो

अपने पास भी एकाध प्लानिंग है। कहोगे तो बताऊंगा। बेताल ने चहकते हुए कहा—लो यह भी भला पूछने की बात है? तो सुनो, विक्रम ने कहा। गरीबी उन्मूलन की योजना तो काफी चली। अब तुम गरीब उन्मूलन की योजना शुरू कर सकते हो। यह पॉपुलर योजना होगी। इस पर देशी-विदेशी फंड भी मिल जायेंगे। वैसे भी जब इतनी योजनाओं को पब्लिक झेल रही है, तो एक और सही। पब्लिक जानती है कि योजना को अपनी मंजिल मिलनी नहीं है। बेताल को यह बात पसंद आयी। उसने कहा—रियली यू आर ए इंटेलिजेंट गाय। विक्रम को यह तमगा दे बेताल उड़ा और बगल के एक पेड़ पर जाकर लटक गया।

24

दुआएँ हैं, दुआओं का क्या?

आँखें बंद। हाथ इबादत में उठे हुए। चेहरे पर थोड़ी गंभीरता। कुछ बुदबुदाहट। यह बेताल का नया अवतार है। विक्रम ने जब यह देखा, तो रहा न गया। टोक ही दिया- क्या गुरु? बड़े भक्त बन गये हो? कोई खास बात है क्या? बेताल ने इसका जवाब देना मुनासिब नहीं समझा। वह अपनी मुद्रा में कायम रहा। विक्रम सोचता है। चुनाव तक न जाने किस-किस रूप से पाला पड़ेगा। हर दिन नया अवतार। ऐसे में मैं क्या, वोटर भी टोटल कंफ्यूजन का शिकार हो जायेगा। चुनाव में उतरने वाले भक्ति में डूब गये लगते हैं। हिंदू, मुस्लिम, सिख, ईसाई-हिन्दुस्तान के हैं भाई-भाई। उनके पर्व-त्योहरों की पूरी लिस्ट नेताओं के पॉकेट में है। आँख मूंदे बेताल के पॉकेट में विक्रम ने हाथ मारा, तो लिस्ट निकल ही गयी। उसने कहा—न चुनाव आता, न अराधना होती?

बेताल ने कहा—कैसी बात करते हो। अल्लाह के हम बंदे हैं। हम पर ही सुबहा करते हो? सभी के दर घूमने का पांच साल पर मौका आया है। उसे भी तुम शक की नजर से देखते हो? तुम्हे ऐसा हरगिज नहीं सोचना चाहिए। हमारी ईमानदारी ही पूंजी है। ईश्वर की श्रद्धा हमारी ताकत। इसी ताकत के बल पर हमें चुनाव में जाना है। विक्रम ने सवाल किया-धार्मिक मान्यता-आस्था तो निजी मसला है न? तो फिर यह सब? कभी देखता हूँ कि मंदिर चले जाते हो कभी मसजिद। कभी गिरिजाघर, तो कभी बौद्ध मंदिर। गुरुद्वारा भी हो आये हो। यह भागा-दौड़ी क्यों? बेताल ने कहा—यही तो धर्मनिरपेक्षता है। हम किसी एक पंथ को नहीं मानते। सभी पंथ के राही हैं। जिस प्रकार सभी पंथ का लक्ष्य एक होता है, उसी

प्रकार हम सभी पंथों के साथ होकर अपना लक्ष्य साधते हैं। क्या है लक्ष्य-विक्रम ने पूछा, तो बेताल ने कहा कि यह चुनाव बाद ही बताऊंगा।

इसके पहले कि बेताल की आँखें अराधना के लिए बंद होतीं, विक्रम ने एक आरजू की। पूछा-अल्लाह से क्या मांगा। बेताल ने कहा—दुआएँ लगने के बाद ही जाहिर की जाती हैं, उसके पहले नहीं। विक्रम थोड़ा मायूस हुआ। उसका दिल रखने के लिए बेताल ने कहा—जानना चाहते हो तो एक बात बता सकता हूँ। अल्लाह-ईश्वर से नेता क्या मांग रहे हैं, यह बता सकता हूँ। विक्रम तैयार हो गया। बेताल ने आँखें बंद कीं। वह शुरू हो गया। उसने कहा—मैं देख रहा हूँ कि एक नेता आम आदमी की सुख-समृद्धि की दुआ मांग रहे हैं। दूसरे नेता प्रार्थना कर रहे हैं कि राज्य में अमन चैन हो। तीसरे नेता के यहाँ आने की रतार बढ़ गयी है। वे सप्ताह में चार दिन यहाँ आ चुके हैं। वे फरियाद कर रहे हैं—हे ऊपरवाले, अपने बंदों पर रहम कर। उनके दुख हर। अमन का राज कर। सुख दे। खुशहाली की बौछार कर। बीच में विक्रम ने पूछा-लेकिन ये दुआएँ लग क्यों नहीं रही हैं? बेताल अराधना की गहराई में गोते लगाता जाता है। उसने कहा—सालों से नेता दुआएँ मांग रहे हैं। पर वे नहीं लग रही हैं। इसलिए कि वे चुनाव जीतने का हिसाब-किताब लेकर घूमते हैं। कभी अल्लाह के दर पर तो कभी ईश्वर की चौखट पर आते हैं। आदमी यानी वोटरों को परसेंटेज में आंकते हैं। मन में कुछ होता है। जुबान पर कुछ। विक्रम ने कहा—तुम भी तो दुआ मांग रहे थे। बेताल ने कहा—महराज आपसे फरेब नहीं कर सकता। मेरा टारगेट इलेक्शन जीतना है। ऐसे में दुआओं का क्या? इस स्वीकारोक्ति के बाद बेताल आँख खोलता है और उड़ जाता है।

25

धरती एक, जहाँ दो

चुनाव पांच साल पर कई अवसर लाता है। समाज को नजदीक से देखने का मौका दिलाता है। विकास-अविकास की कहानी भी बताता है। सो, बेताल ने इस मौके को जाया नहीं करने का फैसला किया। विक्रम के कंधे पर वह सवार हुआ और ग्रामीण बिहार को देखने की इच्छा प्रकट की। विक्रम को बेताल की इच्छा पूरी करने की मजबूरी थी। सो, वह गांव-देहात का दर्शन कराने निकल पड़ा।

दोनों एक देहात में पहुँचे। शाम का धुंधलका गहरा रहा था। वे एक किसान

के दरवाजे पर पधारे। गाय-बैल की रूनझुन नहीं सुन दोनों को हैरानी हुई। उन्होंने पूछा तो किसान ने बताया-खुद खाने का ठिकाना न रहा। इन गाय-बैलों को कहाँ से खिलायेंगे। उन्हें खूंटे से बाँधकर कौन पाप लेगा। जानवरों को छोड़ दिया गया। अब उनकी किस्मत। किसान ने बताया कि इस साल भी बारिश नहीं हुई। सुखाड़ में हमारी जिंदगी ही सूखने के कगार पर है।

झिंगुरों का समवेत स्वर विक्रम के कानों में पड़ा, तो उसने बत्ती जलाने का आग्रह किया। सांप-बिच्छू का डर सता रहा था। दो अतिथियों को देख गांव के दूसरे लोग भी वहाँ जमा हो गये थे। उन ग्रामीणों में से एक ने बताया कि बिजली नहीं आती। कई साल हो गये। एक बुजुर्ग ने बताया- बाबू जी, सालों पहले उस बागीचे के पास ट्रांसफार्मर लगा था। पोल गाड़े गये थे। बिजली के तार भी झूल गये। पर बिजली नहीं आयी। तीसरे ने बताया - अब तो सब गायब हो चुके हैं। न तार है न ट्रांसफार्मर। सिर्फ पोल है। उसमें गाय-बैल बाँधे जाते थे। यह पोल अब उस काम का भी नहीं रहा।

बेताल ने मन की बात बतायी-गांव घूमना चाहता हूँ। गांववाले खुशी-खुशी राजी हो गये। गांव के लोग दोनों को लेकर चल पड़े। विक्रम के पांव कादो में पड़े तो उसने बेताल को गुर्रा कर देखा। पर वह शांत दिखने का नाटक करता रहा। यह क्या है? बेताल ने पूछा तो गांव के लोगों ने बताया- यह नहर है। पर इसमें पानी नहीं है। लेकिन टैक्स का कागज जरूर आता है। झुंड से एक युवक की आवाज आयी। वह देखिए, साहब। यहाँ का अस्पताल। यह भूत का डेरा बना हुआ है। डॉक्टर यहाँ आते नहीं। सप्ताह में एकाध दिन मैडम आती हैं। उसी दिन लाल गोली दी जाती है। एक दूसरे ने बताया कि स्कूल का भवन बन रहा है। पहले वाला दस साल में ही गिर गया। गांव घूमते-घूमते सभी थक गये थे। विक्रम ने उसी रात बेताल के साथ लौटने का फैसला किया।

सुबह दोनों एक शहर में पहुँचे। चौड़ी सड़कें। दौड़ती गाड़ियां। ऊंची-ऊंची इमारतें। जॉगिंग-वाकिंग करते लोग। ड्रेस में स्कूल की ओर जाते बच्चे। यहाँ के नागरिकों के चेहरे कैसे दमक रहे हैं। बेताल पूछता है- लगता है हम किसी दूसरे मुलुक पहुँच गये। विक्रम ने कहा—नहीं। उसी गांववाले प्रदेश की राजधानी है यह। तो एक ही प्रदेश में दो तरह का नजारा? अपने ही सवाल के बाद बेताल कहता है-मुझे ज्ञान की प्राप्ति हो गयी। क्या आपको भी हो गयी महराज? एक धरती पर दो दुनिया। यह कह बेताल उड़ा लेकिन किसी पेड़ पर लटक न सका क्योंकि उस शहर के पेड़ काट दिये गये थे।

26

अदृश्य लड़ाई के धारदार हथियार

-आप लोकतंत्र के दुश्मन हो।

-नहीं, दुश्मन आप हो।

-आप जनता के शत्रु हो।

-आपने जनता के साथ धोखा किया।

-आपने विकास का पहिया रोक दिया।

-विकास के नाम पर खेल कर रहे हो।

-तुम्हारे नाम से लोगों को सिहरन होती है।

-सिहरन तो आपको हो रही है।

-इस बंदरघुड़की से डरने वाला नहीं हूँ।

-मैं भी इतना कमजोर नहीं कि गीदड़भभकी से डर जाऊं।

-दिल्ली से खूब पैसा आया।

-बकवास है। है हिम्मत तो हिसाब दो।

विक्रम यह दृश्य देख हक्का-बक्का रह गया। उसे लगा बेताल गया काम से। खुद आरोप लगाता और उसका जवाब भी खुद ही देता। बेताल पसीने से तर-बतर। दम फूल रहा है। ऐसा लगता है कि सांस अब उखड़े कि तब। पर वह बोलना छोड़ता नहीं। कहता है मुझे छेड़ दिया है। छोड़ूंगा नहीं। आखिर लोकतंत्र है। बोलने की आजादी है। मुझ पर आरोप लगेगा, तो हम भी पीछे नहीं हटने वाले। एक-एक को देख लूंगा। मजाक है क्या? जनता हमारे साथ है।

बेताल को पकड़ने के चक्कर में विक्रम हाँफने लगा। मशक्कत के बाद उसे पकड़ पाया। पूछा- यह क्या बोल रहे हो? किससे फरिया रहे हो? सामने तो कोई है नहीं? बेताल बोला-मैं लड़ाई लड़ रहा हूँ। यह ऐसी लड़ाई है जो खुशहाली लायेगी। हमे विकसित करेगी। हम समृद्ध होंगे। जनता खिलखिलायेगी। हमारी लड़ाई मामूली नहीं। कई फ्रंट पर एक साथ जूझ रहा हूँ। क्या यह सब तुम्हे दिख नहीं रहा? वही तो जानना चाहता हूँ। लोग भी इसी बात का खुलासा चाहते हैं। पहली उत्सुकता इस बात को जानने की है कि लड़ाई किसके बीच हो रही है और दूसरी लड़ाई की वजह क्या है? बेताल ने कहा—लोकतंत्र जैसे-जैसे बुढ़ौती की ओर जा रहा है, यहाँ की पब्लिक उतनी ही अपरिपक्व होती जा रही है। समझती नहीं कि लड़ाई कितनी कठिन है। वजह जानना चाहते हो? हम जनता के सेवक हैं। जनता के लिए हम कुछ भी करेगा।

डायलॉग मत मार-विक्रम ने कहा। सच बता, मामला क्या है। बेताल बताने

लगा-लंबे समय से हमारे लोकतंत्र में इस तरह की लड़ाई लड़ी जा रही है। रक्तहीन लड़ाई। हम मानते हैं कि खून-खराबा से कोई रास्ता नहीं निकल सकता। हिंसा के हम घोर विरोधी हैं। यह हमें नहीं भूलना चाहिए। पूरी दुनिया को अहिंसा का पाठ हमने ही पढ़ाया। विक्रम और चकराया। पूछ बैठा-पर यह तो अदृश्य लड़ाई है। कौन किससे लड़ रहा है, कुछ पता नहीं चल रहा। ऐसी लड़ाई का क्या अर्थ। यह दिखता नहीं। निराकार है। जानना चाहता हूँ कि जो दिख रहा है, उससे क्यों नहीं लड़ते? गरीबी से। बेकारी से। भ्रष्टाचार से। वास्तविक लड़ाई के बदले यह काल्पनिक लड़ाई?

बेताल समझाता है- इस लड़ाई को बतकुचन कहा जाता है। इससे सबका मनोरंजन हो जाता है। दुनिया में धीरे-धीरे यह काफी पॉपुलर हो रही है। इस पर हम सबों को गर्व करना चाहिए। महराज आपको भी। बेताल ने यह नसीहत दे उड़ान भर ली।

27

बाजार में खुल गये कई शो रूम

खुल गया! खुल गया!! खुल गया!!!

एक शो रूम के आगे बेताल खड़ा है। उसके बोर्ड पर लिखा था-अपनी और अपने साथ राज्य की तकदीर बदलें। हम तेज गति से चलते हैं। हम बदलाव चाहते हैं। हम नयी इबारत लिखेंगे। हमने लोहिया, जयप्रकाश नारायण और कर्पूरी ठाकुर के विचारों का घोल तैयार किया है। इसका सेवन करने वाला नये समाज की रचना में रम जायेगा। हम समतामूलक समाज बनायेंगे। और एक बार हमारे घोल का इस्तेमाल करिए। विश्वास दिलाता हूँ। फायदा न हुआ तो दाम वापस।

बेताल एक दूसरे शो रूम के आगे खड़ा है। वहाँ बताया जाता है कि हम आमूल-चूल परिवर्तन चाहते हैं। पहले जो हुआ, उसकी चर्चा नहीं करना चाहते। हमारे पास भी महापुरुषों के विचारों का घोल तैयार है। उस घोल का इस्तेमाल हम समय आने पर करेंगे। भरोसा दिलाते हैं कि हमारी हर प्रकार की बीमारी यह घोल दूर करेगा। हम चंगा हो जायेंगे। खुशहाली दरवाजे पर दस्तक देगी। समाज में अमन चाहते हैं। हम सामाजिक न्याय के राही हैं।

तीसरे शो रूम के आगे लिखा था-हम हिंदू हितों की रक्षा करने वाले देशभक्त हैं। इसके लिए हम किसी भी सीमा तक जा सकते हैं। इस सीमा तक पहुँचने लिए

रास्ते में सत्ता मिल गयी, तो हम अपना विचार बदल सकते हैं। इतना लचीला, इतना नेक इरादा। हम दावा नहीं करते। भरोसा दिलाते हैं एक बार इस्तेमाल कर देख लें। गर्व का अनुभव होगा। रामराज कायम होगा।

बेताल टहलते-टहलते गंगा की ओर चला जाता है। वहाँ एक पुरानी पार्टी का कार्यालय है। उसके आगे लिखा है- आपका स्वागत है। हम राजनीति को नयी दिशा देने वाले हैं। हमने देश को 21 वीं सदी में पहुँचाया। हम न रहते तो 16 वीं में ही रेंगते रहते। सबसे अलग हट कर हमारे पास उच्च विचारों के घोल उपलब्ध हैं। एकदम आजमाया हुआ घोल। हर दर्द में काम आनेवाला।

विक्रम ने हैरानी के साथ पूछा-ये शो रूम हैं? बेताल ने कहा—देखते नहीं हो। ये नये जमाने के शो रूम हैं। तौहीन मत करो। राजनीतिक पार्टियों के कार्यालयों को शो रूम बताकर अपमान मत करो। विक्रम ने कहा।

बेताल ने समझाया- समय के साथ-साथ परिभाषाएँ बदल जाती हैं। शब्दों के मायने बदल गये हैं। आज का दौर यही है। रिश्ते प्रभावित हो रहे हैं। पार्टियों का नेताओं से और नेताओं का कार्यकर्ताओं से कैसा रिश्ता रह गया है? क्या उनके संबंध नहीं बदल गये हैं?

विक्रम ने कहा—तुम्हारे साथ यही दिक्कत है। बात-बेबात थिसिस झाड़ने लगते हो। बेताल ने कहा—बुरा मत मानो। जो है, उसे स्वीकार करो। टिकट पाने की गहमागहमी के नजारे एक सप्ताह तक पेड़ पर लटक कर देखता रहा। टिकट के लिए भीड़ ऐसे जुट रही थी, जैसे वे कुछ खरीदने आये हों। बड़ी गाड़ी। बड़े लोग। लगता था वे बाजार आये हैं। बाजार में माल ही तो बिकता है? विचार पीछे, माल आगे। बेताल कहता है-सोच रहा हूँ, हम भी एक शो रूम खोल ही लें। और वह अपने अभियान पर निकल पड़ता है।

28

टिकट के डाल पर लटके कई बेताल

चलते-चलते विक्रम और बेताल ने अद्‍भुत नजारा देखा। अब तक बेताल को पेड़ और विक्रम के कंधे पर लटकते हुए देखा गया था। पर ऐसा पहली बार दिखा कि बहुत सारे लोग एक विचित्र किस्म के पेड़ से लटके हुए थे। विक्रम ने कहा—ये क्यों लटक रहे हैं। दूसरे ग्रह के प्राणी लगते हैं। सचमुच बेताल के लिए भी ऐसा पहला नजारा था। उसने कहा—मुझे छोड़कर इतने सारे बेताल कहाँ से आ गये?

यह चुनाव टिकट का पेड़ था। उस पेड़ पर लटके एक भाई ने आवाज दी-सुनिए, बड़ी मुश्किल में फंसा हूँ। क्या आपलोग मेरी मदद करेंगे? बेताल ने विक्रम को ठहरने के लिए कहा। उसने पूछा-पहले यह तो बताईये आप हैं कौन? किस ग्रह से आये हैं? हमसे क्या चाहते हैं? उसने बताया-मुझे इस कदर लटका देख कर हैरान मत होईये। मैं इसी राज्य का नागरिक हूँ। चुनाव में खड़ा होना चाहता हूँ। अपना बायोडाटा जमा कर आया हूँ। नेताजी ने कहा है कि टिकट का फैसला दिल्ली से होगा। आलाकमान के पास बायोडाटा पहुँच गया है।

टिकट के पेड़ पर कई लोग लटके हुए थे। कोई सीधा लटका था तो कोई उकड़ू था। किसी की बांह चढ़ गयी थी तो उसने पैर को डाल में अड़ा लिया था। सबके पास अलग-अलग पार्टियों के झंडे थे। कुछ ऐसे भी थे जिनके पास सभी पार्टियों के झंडे थे। उसने खुद को संभालते हुए कहा—वैसे तो हम सभी अवसर की तलाश में हैं। जहाँ से टिकट मिल जाये, अपनी किस्मत खुल जायेगी। लोग हमें अवसरवादी कहते हैं। लेकिन हम समझते हैं कि यह पेशेवराना तरीका है। आज का समय पेशेवर होने का है। क्यों, है न? विक्रम को सममझते देर न लगी। इसका मतलब साफ था कि इन लोगों ने सभी पार्टियों में अपना बायोडाटा जमा कर दिया है। जहाँ से टिकट फाइनल होगा, उस पार्टी का झंडा लहराते हुए निकल पड़ेंगे। पेड़ से लटके एक टिकटार्थी गिरते-गिरते बचा। उसे बेताल ने उछल कर सहारा दिया। कहने लगा-सारे पैसे खर्च हो गये। अपने-अपने समर्थकों को लेकर राजधानी आया था। कुछ दिनों तक होटल में ठहरा। छककर खाया-पीया। टिकट कहीं से फाइनल न हुआ। पैसा खत्म हो गया। बाकी लोगों को घर भेज दिया। अब यहाँ लटका हूँ। बेताल ने देखा-लटके लोगों की धुकधुकी बढ़ गयी है। वे टिकट-टिकट बोल रहे हैं।

विक्रम के कहने पर बेताल ने आलाकमान के दिमाग का स्कैन किया। उसने देखा कि पहले और दूसरे चरण के होने वाले चुनाव के टिकट फाइनल कर दिये गये हैं। पर उसकी घोषणा के पहले कहा जा रहा है कि बड़े पैमाने पर मिले बायोडाटा का अध्ययन किया जा रहा है। इन से पता चलता है कि हमारी पार्टी की नीतियां कितनी प्रभावी रही हैं। हमारे सिद्धांत लोगों को अपील कर रहे हैं। बेताल ने कहा—विक्रम इन लटके लोगों को पता नहीं चलना चाहिए कि टिकट के नाम फाइनल कर लिये गये हैं। वरना इनका डेमोक्रेटिक प्रॉसेस से भरोसा डिग जायेगा। उसने विक्रम को वहीं ठहरने का सुझाव दिया और उड़ गया।

29

शरमा रहे गिरगिटों का इलाज कराओ

बेताल पिछले कई दिनों से ऐतिहासिक गांधी मैदान का चक्कर लगा रहा है। सुबह से शाम। रात होते ही विक्रम को विदा कर देता। खुद वहीं एक पेड़ से लटक जाता। ऐसा कई दिनों से चल रहा है। दूसरे घोंसलों में रह रहे पक्षियों के बीच यह चर्चा का विषय बना हुआ है। आखिर बेताल हमारे बीच क्यों रह रहा है। यह सवाल विक्रम को भी मथ रहा है।

सातवें दिन विक्रम से नहीं रहा गया। उस सुबह बेताल जैसे ही विक्रम के कंधे पर सवार हुआ, उसने सवाल दाग ही दिया। गांधी मैदान में कुछ भूल गये हो क्या? किसी को तलाश रहे हो? मुझसे अपनी परेशानी शेयर नहीं कर सकते? बेताल बोला- एक साथ इतने सवालों का जवाब देना जरूरी है क्या? विक्रम ने गुरेर कर देखा तो बेताल सहम गया। उसने कहा—आप पूछ रहे हो, तो बता रहा हूँ। गांधी मैदान पर शोध कर रहा हूँ।

उसने कहा—महाराज, यह गांधी मैदान है। समय के हर पड़ाव का मूक गवाह। अभी हाल ही में किसानों की दुर्दशा को लेकर यहाँ महापंचायत हुई थी। कई नेता जुटे थे। सभी किसानों की फटेहाली का रोना रो रहे थे। मुझे याद आ रहा है कि वे जमीन पर मालिकाना हक के बारे में बोल रहे थे। इसी बीच विधानसभा चुनाव का ऐलान हो गया। अब वे खुद ही मालिकाना हक के लिए भटक रहे हैं। लगता है किसानों को वे भूल गये। वे अपना-अपना ठिकाना खोज रहे हैं। बेताल बुदबुदाया-इस दिल के टुकड़े हजार हुए, कोई यहाँ गिरा-कोई वहाँ गिरा।

विक्रम ने कहा—यह दिल ही ऐसा है। मानता ही नहीं। हमेशा पावर खोजता है। किसानों के नाम पर पावर लाने का खेल नहीं चला तो अब सबने अपनी राह पकड़ ली। लेकिन, नेताओं के रंग-ढंग देख कर तुम्हारा इस तरह दुखी होना ठीक नहीं। बीमार हो जाओगे। दुख-रोग हो जायेगा। इसकी दवा अभी नहीं निकली है। चुनाव होने में लंबा समय है। हर दिन नेता लोग अपना रंग बदल रहे हैं। गिरगिट शरमा रहे हैं। कराना है तो गिरगिटों का इलाज कराओ।

गांधी मैदान में भीड़ जुटने लगी। विक्रम ने बताया कि यहाँ चुनावी सभा होने वाली है। शहर-देहात के लोग सुनने के लिए वहाँ जुटने लगे थे। थोड़ी देर में नेता पहुँचते हैं। वे कहते हैं-किसानों की हालत ठीक नहीं है। छात्र-नौजवान परेशान हैं। महंगाई डायन बनकर घर-घर को खा रही है। विधानसभा चुनाव होने वाला है। आपको सोच कर वोट देना है। बहुँत सारे लोग आयेंगे। पर फर्क करना आपकी जिम्मेदारी है। बेताल ने कहा—इन नेताओं के चेहरे अलग हैं। पर बोली एक ही तरह

की है। यहाँ जो आता है, वही बोली बोलने लगता है। झंडे अलग। लेकिन भाषा एक। इसलिए गांधी मैदान पर शोध का आइडिया आया। सात दिनों से मेरे दिमाग में भाषण बज रहे हैं। मेरा आइडिया फेल करने को है। महाराज, मैं यहाँ से अब दूर जाना चाहता हूँ। इजाजत दो। यह कह बेताल दूसरी दिशा में उड़ गया। विक्रम को सुनायी देता है-परिवर्तन के लिए हमें वोट दें।

30

डाइजेस्ट नहीं कर पा रहा चंदा

बेताल जब विक्रम के कंधे पर उछल कर बैठा तो झन-झन की आवाज हुई। हर कदम पर झन-झन। झन-झन। विक्रम चौंक पड़ा। जिज्ञासु बालक की तरह उसने पूछा-यह आवाज कैसी है। झनझनाहट का मतलब क्या है। उसने पूछा तो बेताल ने अपनी कमीज की दोनों जेब दिखायी। उसमें ढेर सारे सिक्के भरे थे। उसने कहा कि ये भारतीय मुद्राएँ हैं। पिछले कई दिनों से इसका जुगाड़ कर रहा था। विधानसभा चुनाव की घोषणा होने के बाद से ही इन सिक्कों को लेकर घूम रहा हूँ। सोचा कि राजनीतिक दलों के लोग चंदा मांगते हैं। इसे साथ लेकर चलना ही चाहिए। आखिर उन्हें चुनाव लड़ने के लिए तो पैसा चाहिए ही। लोग पैसा नहीं देंगे, तो भ्रष्ट तरीके से पैसा अर्जित करेंगे और चुनाव लड़ेंगे। हवाला के फेर में पड़ेंगे। फिर जीतकर आयेंगे, तो खर्च हुए पैसों की सूद सहित वापसी करेंगे।

विक्रम को ये विचार बड़े उत्तम लगे। उसने कहा—इससे लोगों की राजनीति में आस्था बढ़ेगी। राजनीतिक दलों को भी अहसास होगा कि जनता का कर्ज उन पर है। लोकतंत्र की जड़ मजबूत होगी। यह सोच दोनों चंदा देने निकल पड़ते हैं। एक पार्टी के कार्यालय के सामने खड़े होते हैं। बड़ी मशक्कत के बाद ट्रेजरर से भेंट होती है। उनका हुलिया देखकर ट्रेजरर घबराया। उसने कहा—देखो जी, अभी हम आपकी कोई मदद नहीं कर सकता। चुनाव में ऐसे ही हमारा हिसाब-किताब टाइट चल रहा है। चुनाव बाद आओगे, तो मदद करने की सोचेंगे। विक्रम ने टोका-लगता है, आप गलत समझ रहे हैं। आपकी पार्टी के अध्यक्ष कह रहे थे कि हमें एक नोट और एक वोट दीजिए। आपके इसी सहयोग के बल पर हम देश का नक्शा बदल कर रख देंगे।

बेताल ने कहा—सो, हम चंदा देने के वास्ते आये हैं। चुनाव के दिन हम वोट भी देंगे। ट्रेजरर ने दोनों को घूर कर देखा। उसने हिचकते हुए पूछा- कितना पेटी

है पास में। पेटी? विक्रम और बेताल,दोनों एक साथ बोल पड़े। हाँ हाँ कितनी पेटी है? ट्रेजरर के पूछने पर बेताल ने खुशी से अपना सिक्का झनकाया। ट्रेजरर ने जैसे ही झन की आवाज सुनी, उसका पारा सातवें आसमान पर चढ़ गया। वह चिल्लाया-स्सा... हमें भिखारी समझ रहे हो। ये सिक्का दिखा रहे हो। दो कौड़ी के आदमी। नोट के बदले सिक्का थमा रहे हो। चलो निकलो। वरना गर्दनिया देकर बाहर करवा दूंगा। ट्रेजरर का आगबबूला चेहरा देख विक्रम और बेताल सकपका गये। दोनों ने वहाँ से निकल जाने में ही समझदारी समझी।

दोनों एक दूसरे दल के कार्यालय में पहुँचे। उन्होंने चंदा देने की कोशिश की, तो एक महासचिव टाइप पदाधिकारी को तरस आ गया। उसने सोचा, इनका माथा घूम गया है। दोनों को पकड़ कर एक चाय की दुकान पर लाया। उन्हें वहीं छोड़कर चला गया। दोनों ने ठान लिया था कि आज चंदा देकर ही मानेंगे। वे तीसरी ...चौथी...पांचवी पार्टियों के पास गये। उनका पैसा कोई लेने को राजी न हुआ। विक्रम ने कहा—लगता है आज का लोकतंत्र हमारा चंदा डाइजेस्ट नहीं कर पा रहा है। निराश बेताल पॉकेट के सिक्के वहीं छोड़ आकाश में उड़ गया।

31

एक पढ़ जान लो सबके दिल का हाल

पिछले कई दिनों से विक्रम मायूस था। सूरज निकलता फिर डूब जाता। पर बेताल का पता नहीं। चारों दिशाओं में उसने अपने दूत भेजे। पर बेताल का पता न चला। सभी दूत निराश होकर लौट गये। विक्रम ने तय किया कि वह अब बेताल को ढूंढने के लिए खुद जायेगा। अस्तबल से सुघड़ घोड़ा निकाला गया। घोड़े पर सवार होकर विक्रम निकल पड़ा। पांचवे दिन वह एक पहाड़ी पर पहुँचा।

विक्रम को जिस बात का अंदेशा था, वहीं हुआ। उसने वहाँ बेताल को देखा। उसे राहत महसूस हुई। अनहोनी की आशंका जाती रही। विक्रम वहीं एक विशाल पत्थर के ओट से छुपकर बेताल को देखने लगा। उसने देखा कि बेताल कुछ लिखने की कोशिश कर रहा है। लिखकर वह कागज फाड़ देता। उसे नीचे फेंक देता। विक्रम ने सोचा ग्लेज पेपर की इतनी बर्बादी ठीक नहीं। जब एकाध ट्रक कागज जमा हो गया, तो विक्रम ने सामने आने का फैसला किया। उसे इस प्रकार देख बेताल झेंप गया। उसे उम्मीद नहीं थी कि महराज उसके इस ठिकाने तक धमक आयेंगे।

बेताल के हाथ में बड़ी सी कलम। दवात। पहली नजर में विक्रम देखकर समझ नहीं पाया। दिमाग पर जोर डाला। सोचा तलवार से मुकाबला करने को इसने कलम पकड़ लिया है। क्या बेताल हमीं से लड़ने की तैयारी कर रहा है? यह सवाल विक्रम के दिमाग में कौंधा। उसने पूछा-क्या अब हमलोग आपस में ही फरियायेंगे? बेताल ने कहा—लड़ाई-भिड़ाई की बातें अच्छी नहीं। कितनी बार समझा चुका हूँ कि यह राजतंत्र नहीं। लोकतंत्र है। इसमें सृजनशील होइए। क्रिएटिव बनिए। बेताल ने बताया कि इन दिनों विधानसभा चुनाव की तैयारी में सभी पार्टियां लगी हुई हैं। सबको घोषणा पत्र बनाना है। टाइम कम है। सभी टिकट में उलझे हैं। मैंने मौके का फायदा उठाया। घोषणा पत्र बनाने का ठेका ले लिया।

विक्रम नाराज हुआ। कहा—महान घोषणा पत्र का ठेका? यह पुल-पुलिया या सड़क तो है नहीं कि ठेका देकर काम कराया जाये। बेताल ने समझाया- महराज, आप निम्न कोटि की बातों में उलझ जाते हो। क्या आपको पता नहीं कि सभी पार्टियों ने अपने-अपने मेनिफेस्टो के लिए अलग-अलग कमेटियां बना दी हैं। कमेटियां अपना काम कर रही हैं। मैं सबके मेनिफेस्टो बना रहा हूँ। पर मेरी मुश्किल यह है कि सबके मेनिफेस्टो एक जैसे हो जा रहे हैं। सभी शिक्षा देने की बात कर रहे हैं। सब विकास पर पड़े हैं। सभी गरीबी का जिक्र कर रहे हैं। पर कोई उसे मिटाने-हटाने का दावा नहीं कर रहा। ऐसे में एक पार्टी का मेनिफेस्टो पढ़ लिया, तो समझो सबके पढ़ लिये। पार्टियों के हिसाब से इसका सिर्फ कवर बदल रहा है। नेताओं के फोटो से मेनिफेस्टो पहचाना जायेगा। विचारों से नहीं।

विक्रम ने कहा—पर मै तुम्हें ले चलने आया हूँ। बेताल ने कहा—मेरा काम अधूरा है। मेरे गुप्त स्थान को आपने देख लिया है। अब मैं अपना ठिकाना बदलूंगा। यह कह बेताल वहाँ से किसी दूसरी जगह चला गया।

32

बुद्धिजीवियों की बहस बनाम समस्या

बहुत दिनों से बेताल की बुद्धिजीवियों के साथ बैठकी नहीं हो पायी थी। विक्रम से उसने आरजू की। नया कॉफी हाउस चलने को कहा। पुराना कॉफी हाउस अरसा पहले बंद हो चुका है। नया वाला पुराने की जगह नहीं भर पाया है। एक खालीपन का अहसास सभी करते हैं। बेताल को नये कॉफी हाउस का चस्का हाल में लगा है।

बुद्धिजीवियों की बात सुनने की कल्पना मात्र से बेताल रोमांचित था। वह अब नये कॉफी हाउस के पास था। विक्रम ने कहा—लो आ गये। उस टेबुल पर चलते हैं। कॉपी और कुछ स्नैक्स मंगवाते हैं। पर बेताल की दिलचस्पी बुद्धिजीवियों की बात सुनने में अधिक थी। उसने नजर दौड़ायी। एक गोलाकार टेबुल पर कई लोग बैठे थे। किसी बात को लेकर आपस में उलझे थे। दूर से देखने में ऐसा लग रहा था कि सभी बोल रहे हैं। वह नजदीक पहुँचा। धुएँ का गुबार उठ रहा था। शोर में किसी की बात नहीं सुनायी दे रही थी। देखने से ऐसा लगा कि उस गोल में बैठे एक सज्जन कवि हैं। बेताल कुछ देर वहाँ खड़ा रहा। उसे समझते देर न लगी कि उस गोल में कहानीकार, नाट्यकर्मी, साहित्यकार, आलोचक, पत्रकार शामिल हैं। उनमें कुछ नये थे और कुछ पुराने।

ये बुद्धिजीवी किसी समस्या पर बात कर रहे थे। कवि ने कहा—यह आज की समस्या नहीं है। आजादी मिलने के साथ ही समस्या भी विरासत में मिली। कहानीकार ने उसकी बात काटी-आप जिंदगी भर कविताई ही करते रह जाओगे। समस्या थी, तो उसे दूर क्यों नहीं किया गया। अब तक इतनी सरकारें आयीं और गयीं। विक्रम समझने की कोशिश कर रहा था कि समस्या है क्या? पत्रकार जैसी भाव-भंगिमा लिये आदमी ने कहा -भाई साब मुझे लगता है कि आपलोग गलत ट्रैक पर जा रहे हैं। समस्या तो सभी जगह है। धरती से लेकर आकाश तक। पर इसके समाधान के शास्त्रीय तरीके पर बहस की जरूरत नहीं है। हमने यह सवाल पीएम की प्रेस कांफ्रेंस में किया था। इस पर कोई बहस नहीं करता। कहानीकार ने अपनी बौद्धिकता झाड़ी-मुझे तो लगता है संवेदना के साथ इसके बारे में सोचा ही नहीं गया। कवि ने कहा—लो, ये बड़े आये संवेदना झाड़ने। आलोचक ने कहा—चार लाइन की कविता क्या छप गयी, तुम अपने को होशियार समझने लगे। कहानीकार ने उसकी बातों पर हामी भरी। पत्रकार गरमाया-मुझे लगता है कि आपलोग डिरेल हो गये हैं। संस्कृतिकर्मी चिल्लाया-ये देखो, हमें सनकी कह रहा है। उपन्यासकार ने पूछा-क्या हम पगला गये हैं? बात बढ़ने लगी। शोर बढ़ता गया। सभी चिल्लाने लगे। एक ने कॉफी की प्याली हवा में उछाली। भगदड़ मच गयी।

विक्रम ने बेताल से कहा—भागो। बुद्धिजीवी भिड़ गये हैं। दोनों वहाँ से निकल भागे। तेज कदमों से। रास्ते में विक्रम ने पूछा- बुद्धिजीवी किस बात पर भिड़ गये थे? बेताल ने कहा—समस्या पर। विक्रम ने पूछा-समस्या क्या थी? बेताल ने कहा—पता नहीं। विक्रम ने कहा—इससे बेहतर तो वे साधारण लोग हैं जिनकी बात समझ में तो आती है। बेताल ने कहा—चलो, अब उनके पास ही चलते हैं।

33

बाग के फूलों की पुकार सुन लो भाई

चमेली परेशान थी। वह आहिस्ता-आहिस्ता खुशबूहीन होती जा रही थी। गुलाब की पंखुड़ियों में वह लालिमा नहीं रह गयी थी। गुलदाउदी का बुरा हाल था। सहज सुलभ गेंदा भी मरियल होता जा रहा था। बाग में सभी फूल मीटिंग कर रहे थे। सबकी चिंता एक ही थी। आखिर क्या बात हो गयी कि उनकी चमक व खुशबू पर नजर लग गयी। फूलों ने इस मसले पर विचार के वास्ते बेताल को भी बुलाया था। वह अपने महराज विक्रम के कंधे पर सवार होकर मीटिंग में पहुँच गया था।

फूलों का कहना था कि बाग को पहले की तरह खाद-पानी मिल रहा है। माली ने हमारी देखरेख में कोई कोताही नहीं की। मौसम भी हमारे खिलने के अनुकूल ही रहा। पर ऐसी क्या बात हो गयी कि हमारे लिए बुरा दौर शुरू हो गया। फूलों ने बेताल के सामने यह सवाल उठाया। सवालों से घिरे बेताल के पास भी इसका कोई मुकम्मल जवाब नहीं था। उसने विक्रम की ओर नजर उठायी। उसकी आँखों में ना के भाव तैर रहे थे। पर उसने कहा—अगर यह समस्या है, तो इस पर हमें विचार करना ही चाहिए। बेताल ने न जाने कितने उतार-चढ़ाव देखे। लेकिन ऐसा मसला पहली बार उसके सामने आया था। लिहाजा, उसकी ललाट पर पसीने की बूंदें उभर आयी थीं।

बेताल ने गुलाब से पूछा-कब से परेशानी शुरू हुई? बेताल ने यह सवाल ऐसे पूछा जैसे उसने डॉक्टरी की पढ़ाई की हो। गुलाब ने बताना शुरू किया। बाग के अन्य सभी फूल चुपचाप सुन रहे थे। चमेली ने भी अपनी बात बतायी। सबसे बुरा हाल गेंदे का था। उसने बताया कि इन दिनों हर वक्त मुझे मितली-सी आती है। कुछ भी अच्छा नहीं लग रहा। हमेशा सुस्ती छायी रहती है। कुछ भी हजम नहीं कर पाता। लगता है कि पहले से ही पेट भरा हुआ है। चिड़ियों ने बाग में आना बंद कर दिया है। बेताल ने फिर उसी अंदाज में पूछा-यह कब से शुरू हुआ? फूलों ने जो समय बताया, वह मार्के का था। बेताल ने टाइम को मिलाया। उसने कहा—समझ गया। सभी चौंके। उनके मुंह से निकला-क्या? बेताल ने बताया कि चुनाव की घोषणा के बाद फूलों की खपत काफी बढ़ गयी है। हर दिन कुछ नेता अपनी पार्टी छोड़ रहे हैं और दूसरे के साथ जा रहे हैं। उनके स्वागत-सत्कार में उन पर फूल चढ़ाये जा रहे हैं। हो न हो राजनेताओं के संपर्क में आने के चलते छूत की बीमारी पसर गयी है। यह सुनते ही बाग में कोहराम मच गया। कमल ने मायूस होकर कहा—चुनाव तो अभी लंबा चलेगा। इतने दिनों में हमारी प्रजाति बीमार होकर विलुप्त हो जायेगी।

बाग के एक नन्हे फूल ने कहा—हमारे पुरखे अक्सर गुनगुनाया करते थे,

मुझे तोड़ लेना वनमाली
उस पथ पर देना तुम फेंक
मातृभूमि पर शीश चढ़ाने
जिस पथ पर जावें वीर अनेक।

नन्हे फूल की बात सुनते ही फूलों को यह बात समझ में आ गयी कि उनकी दशा ऐसी क्यों होती जा रही है। बेताल ने कहा—आधुनिक लोकतंत्र के आधुनिक राजाओं से बच गये, तो बाग की खुशबू बचेगी। यह उपाय बता बेताल कटहल के पेड़ पर जाकर लटक गया।

34

दीर्घजीवी कविता का एक प्लाट

विक्रम के कंधे पर सवार होने के साथ ही बेताल कविराज बन गया। हाथ को हवा में लहराया और उसे घुमाने का अंदाज दिया। काव्यपाठ के अंदाज में आया, तो बोल फूट पड़े—

जनता जनता क्यूं चिल्लाये
जब भोट का टाइम आये
जब भोट का टाइम आये
तो जनता ही सबको क्यूं भाये

बेताल मगन होकर कविता पाठ करने लगा। विक्रम के लिए यह बेताल का नया रूप था। हालांकि उसे पता है कि दुनिया का हर तीसरा आदमी कवि होता है। पर बेताल की कविता के बाद उसे अब मानना पड़ेगा कि हर आदमी कवि होता है। कवि न भी हो तो कविहृदय होता ही है। लेकिन विक्रम ने जानना चाहा कि यह कविता कहाँ से आ गयी। उसे देखकर तो कविता राह बदल लेती थी?

बेताल ने कहा—कविता से दिल की अग्नि शांत होती है। मन का बोझ हल्का होता है। कई दिनों से मन बेचैन था। भर रात नहीं सोया। कविता लिखने बैठा, तो लिखता ही रहा। भोर में जब मुर्गे ने बांग दी, तो उठा। उसने कहा—अर्ज किया है, पर विक्रम ने बीच में ही रोक दिया। कहा कि जब-तब, इधर-उधर कविता नहीं कहनी चाहिए। इससे कविता की लय नहीं बनती। उसने विक्रम को उत्साहित किया-आप भी हाथ आजमाओ। विक्रम ने कहा—रहने दो। यह मेरे बस का रोग नहीं है।

विक्रम ने पूछा-लेकिन कवि बनने की तुम्हारी कहानी मुझे पच नहीं रही है। सच बताओ यह खयाल कहाँ से आया। विक्रम ने कहा—राजनीति में जाने और कविता लिखने का खयाल एक साथ आया। राजनीति में कदम रखना चाह रहा था। पर टिकट नसीब न हुआ। सोचा कि कविता वाला फील्ड खाली है। इसमें हाथ आजमाने में हर्ज नहीं है। तभी से कविता लिखने लगा। लेकिन मुझे पता है कि मैं तब तक संपूर्ण कवि नहीं माना जाऊंगा, जब तक मैं राजनीतिज्ञ नहीं बन जाऊं। कई राजनीतिज्ञों को जानता हूँ। उनकी कविता पहचानता हूँ। सिर्फ कवि होने से अब काम नहीं चलेगा। वे भी सिर्फ कवि होते तो राजनीति में नहीं चलते। या राजनीति में होते तो कवि नहीं होते। टू इन वन का दौर है।

विक्रम ने कहा—पर कविता तो समय-समाज का आईना होती है। क्या इन भावों को तुम कविता में उकेर सकोगे? बेताल ने कहा—इसकी कोई जरूरत नहीं। कविता का फारमेट अब बदल गया है। समय-समाज के चक्कर में फंसोगे, तो कविता नहीं कर पाओगे। इसी तर्ज पर अर्ज किया है- कविता न लिखो ऐसी, जिसमें न हो फैंसी। विक्रम ने जानना चाहा-यह फैंसी क्या है? बेताल ने समझाया- यह फंतासी है। ऐसी कविता लिखना जिसमें न समाज का सरोकार हो, न आदमी का। अब ऐसी ही कविता चलेगी और दीर्घजीवी होगी।

35

टिकट बाबा की जै!

पेड़ पर लटका बेताल जब कंधे पर सवार न हुआ तो विक्रम ने पूछा- कूदते क्यों नहीं हो। बेताल ने कहा—मुझे पता चला है कि कंधे पर नहीं बैठाओगे। मैं बागी होने की सोच रहा हूँ। सोच रहा कि तुम्हारे दुश्मन के साथ दोस्ती कर लूं। विक्रम चौंका। उसने कहा कि तुम जानते हो, कंधे में दर्द रह रहा है। डॉक्टर ने भारी सामान उठाने से मना किया है। वजनी सामान उठाने पर नर्वस सिस्टम बैठने का खतरा है। इसलिए कंधे के बदले जमीन पर कूदने को कह रहा हूँ।

विक्रम ने कहा—कल तक हम तुम्हारे महाराज थे। दिन भर मेरे लिए कसीदे पढ़ते रहते थे। दुनिया का सर्वश्रेष्ठ महाराज हमें बता रहे थे। वह सब खत्म? क्या वह सब बनावटी-दिखावटी था? बेताल ने जवाब देने के लिए नीचे आना वाजिब नहीं समझा। लटके-लटके ही कहा—मुझे अब बेवकूफ मत बनाओ। चुनाव की घोषणा होने के बाद घाट-घाट का पानी पी आया हूँ। सभी वादों को अपनी रगों में

समा चुका हूँ। इतनी दुनिया देख लेने के बाद मुझे अब कोई बना नहीं सकता। विक्रम दुखी हुआ। पुराने संबंधों का हवाला दिया। साथ जीने-मरने की कसम की याद दिलायी। पर बेताल टस से मस न हुआ। वह लटका रहा।

बेताल ने कहा—सुना है कि अपनी नयी पार्टी का टिकट बांट रहे हो। मुझे बेटिकट कर दिया गया है? कंधे से नहीं, टिकट से मेरे विचार बदलते हैं। टिकट का रंग जैसा होगा, मेरे विचार भी उसी तरह के होंगे। विक्रम का टिकट मिला, तो मेरे विचार विक्रमी होंगे। कांग्रेस का टिकट मिला, तो मेरे विचार कांग्रेसी होंगे। समाजवादी टिकट मिला, तो समाजवाद का भक्त हो जाऊंगा। केसरिया टिकट पा सका, तो हिन्दुत्व का सबसे बड़ा रक्षक साबित होऊंगा। विक्रम ने कहा—तुम्हारे पुरखे तो विचारों को लेकर प्रतिबद्ध हुआ करते थे। वे अवसरवादी नहीं थे। बेताल ने समझाया- छोड़ो कल की बातें, कल की बात पुरानी। विचारों में स्थायित्व का मतलब विचारों का गंदा हो जाना। जानते नहीं? अगर पानी एक जगह जमा रहे तो वह सड़ जाता है। इसलिए पानी और विचारों में प्रवाह जरूरी है। गतिशीलता ही उच्च विचार है। गतिहीनता अंततः स्थूल विचारों का पर्याय बन जाता है। वैसे भी अब विचारों का युग लद चुका है। यह टिकट युग है।

पेड़ से लटके बेताल ने धमकी देने के अंदाज में कहा—मेरे नाम पर विचार होगा या नया ठिकाना देखूं? विक्रम मौन रहा। बेताल ने कहा—समय कम है। कब समाजवादी घराने के चिराग भगवाधारी हो जायेंगे और भगवधारी कांग्रेस का हाथ कब मजबूत करने लगेंगे, कहना मुश्किल है। मेरे नाम पर फैसला लेने में देर हुई तो मैं कहीं का न रहूँगा। घर का न घाट का। विचार के चक्कर में अब मैं लटकन बनकर नहीं रहना चाहता। विक्रम 'शोले' की मौसी की तरह मान गया—हाँ, बेताल टिकट देने को तैयार हूँ। यह सुन बेताल पेड़ से कूदा और टिकट लेकर उड़ गया। वह नारे लगा रहा था- महाराज के कंधे की जै, टिकट बाबा की जै।

36

छूटे नहीं है गालिब, मुंह की लगी हुई...

मुश्किल में फंसे बेताल को समझ में नहीं आ रहा है कि वह करे तो क्या करे। चुनाव आचार संहिता लागू होने के बाद वह डरा-सहमा रहने लगा है। कोई गलती हुई नहीं कि एफआईआर। मुकदमे का पचड़ा अलग। कोर्ट-कचहरी का चक्कर। इस समस्या से निकलने की उसे कोई युक्ति नहीं सूझ रही थी।

विक्रम ने समस्या पूछी। बेताल ने बताया कि वह चुनाव में लड़ने की तैयारी कर चुका है। पर पेड़ से लटकने को आचार संहिता का उल्लंघन माना जाता है। पेड़ से लटकना उसकी आदत है। वह पेड़ से नहीं लटकेगा, तो जीना दुश्वार हो जायेगा। खाना-पीना मुहाल हो जायेगा। और पेड़ से लटकता है, तो आचार संहिता का खतरा सामने है। यही समस्या है। चुनाव आयोग से उसने गुहार लगायी थी कि पेड़ से लटकने को आचार संहिता का उल्लंघन नहीं माना जाये। पर आयोग ने ऐसा करने से इंकार कर दिया। दरअसल, उस दिन बेताल को पता चला कि उसकी तरह पेड़ पर लटकने वाले और भी कई लोग हैं। सभी पेड़ से लटकने की छूट देने की मांग करने लगे। उस डेलीगेशन में कई ऐसे भी थे जो पेड़ पर उलटा लटका करते हैं। वह भी सालों से। पर आयोग टस से मस न हुआ। विक्रम ने कहा—वाकई समस्या तो बढ़ी है। पर चुनाव लड़ना उससे कहीं ज्यादा जरूरी है। एक एफआईआर और मुकदमे से डर कर चुनाव से भागना भी ठीक नहीं है। मुहल्ले के लोग क्या कहेंगे। तुम्हारी हेंकड़ी की पोल खुल जायेगी।

बेताल ने दुखड़ा सुनाया। बताया कि आचार संहिता से डरकर वह पेड़ के बदले जमीन पर सोने की कोशिश कर रहा है। पर बीती कई रातें वह जाग कर काट चुका है। नींद ही नहीं आती। नींद की दर्जनों गोलियां खाने के बावजूद तारे गिनते रात निकल जाती है। बच-बचाकर वह भोर का इंतजार करता है और पेड़ पर लटककर झपकी ले लेता है। यह बयान करते हुए लगा कि बेताल की आँखें भर आयी हैं। विक्रम द्रवित हो गया। सोचा, मदद करनी चाहिए। लेकिन मदद का स्कोप काफी कम था। विक्रम ने सुझाया-आचार संहिता लागू हुए 12-14 दिन ही हुए हैं। इस दौरान आचार संहिता उल्लंघन के पांच सौ से अधिक मामले दर्ज हो चुके हैं। ऐसे लोगों से हमें सबक लेने की जरूरत है। ये वीर लोग हैं। कानून तोड़कर मुकदमा ओढ़ने का माद्दा चाहिए। विक्रम भी पूरे जोश में था-जब दूसरे कानून का उल्लंघन कर सकते हैं तो हम क्यों नहीं। क्या हम इतने गये-बीते हैं। हमारे पास तो दैवीय शक्ति भी है। उनके पास क्या है? यही न दो-चार रायफल और एकाध एके 56?

बेताल को विक्रम की बात पसंद आयी। उसकी भुजाएँ फड़फड़ाने लगीं। उसने कहा—बताओ-कविता में जवाब दूं या कहानी में? बोली से गोली चलाऊं या रात भर भाषण देता रहूँ। सालों से हम लटकते रहे तो अब उससे मना करना जुल्म नहीं है? रोकना था कि पहले ही रोकते। विक्रम ने सहमति में सिर हिलाया। बेताल मुस्कुराते हुए फुसफुसाया-वो कहा गया है न, छूटे नहीं है गालिब, मुंह की लगी हुई। यह कह बेताल उड़ा और पेड़ पर जाकर लटक गया।

37

सत्ते पे सत्ता और बेताल का किस्सा

गिरधर, घुरन, महावीर और कलक्टर को खादी के कुर्ता-पायजामे में देखकर बेताल की आँखें फटी रह गयीं। वह उन्हें देख रहा है एकटक। विक्रम ने पूछा-इतने गौर से क्या देख रहे हो? इसके पहले आदमी को नहीं देखा क्या? बेताल की तंद्रा टूटी। कहा—देख रहा हूँ कि ये लोग भी नेता बन गये हैं। देह पर खादी चढ़ गयी है।

बेताल आज गंभीर मूड में था। किस्सा-कहानी की जगह वह वास्तविकता पर बात करना चाह रहा था। वह फिर गिरधर, घुरन, महावीर और कलक्टर को गौर से देखने लगा। ये उसके पड़ोस के गांव के रहने वाले लोग हैं। इनके दादा-परदादा मेहनत-मजूरी करते थे। अब वे खुद नेता बनने की राह पर हैं। बेताल समाजविज्ञानी भाव में टिप्पणी करता है-लोगों में सत्ता के प्रति भूख बढ़ी है। हमारे जमाने में ऐसा नहीं था। समाज के बड़े लोग ही राजनीति और सत्ता का खेल खेला करते थे। उन्हें श्रेष्ठ माना जाता था।

विक्रम को बेताल के किस्से का यह प्लॉट दिलचस्प लगा। उसे लगा कि वह सामाजिक स्तर पर बदलावों की कहानी बेताल की जुबान से सुन सकेगा। लिहाजा, उसे बेताल को बिना वजह छेड़ना वाजिब नहीं लगा। बेताल ने कहा—चुनाव के बाद राजनीतिक दलों के दफ्तरों में टिकट के लिए जिस तरह भीड़ जुट रही है, वह बहुत कुछ कह रही है। वहाँ जुटने वाली भीड़ का चेहरा गौर से देखा? इसका मतलब हुआ कि निचले स्तर पर लोगों में सत्ता को लेकर रुझान पैदा हुई है। पंचायत से लेकर विधानसभा और लोकसभा चुनाव तक में ऐसे चेहरे दौड़ते नजर आते हैं। दूर-दूर से राजधानी आने वाले लोगों को देखो। ये तुम्हारे आसपास के लोग लगते हैं। और अब तुम तो राजा रहे नहीं। साधारण आदमी की भूमिका में आ गये हो। विक्रम टोकता है—पर मध्यवर्गीय और पैसा अर्जित करने वाले ये लोग सत्ता में जाने के बाद सत्ताधारी हो जाते हैं। उनके चाल-ढाल बदल जाते हैं। ऐसा क्यों है?

बेताल कहता है-सत्ता का चरित्र उनके चरित्र पर भारी पड़ जाता है। सत्ता की अपनी शर्तें होती हैं। सत्ता में बने रहने के लिए उसे स्वीकार करना पड़ता है। स्वीकार करना पड़ता है कि किसी तरह धन-दौलत का जुगाड़ हो। खेत बेचकर पॉलिटिक्स करने वाले असफल हो गये। तब पॉलिटिक्स का चेहरा और उसके मायने दूसरे होते थे। अब का दौर पावर पॉलिटिक्स का है। मनी-मसल के तानाबाना पर उसे खड़ा कर दिया गया है। अब तो लोग बड़े शौक और गर्व से दो नावों की सवारी कर रहे हैं। पुरानी कहावतें बेहद पुरानी हो गयी हैं। इतनी पुरानी कि आज

के दौर के लायक नहीं रह गयीं। विक्रम को जम्हाई लेता देख बेताल कहता है—पता है, तुम्हे ये बातें पहले से मालूम हैं। बोर हो रहे हो? विक्रम टोकता है- लेकिन नये मूल्य, नया आदर्श कौन गढ़ेगा?

बेताल कहता है-मैं थोड़ा गंभीर क्या हुआ, तुम डबल सीरियस हो गये। और तुम जानते हो उलझाऊ सवाल करने वालों की खोपड़ी के मैं टुकड़े-टुकड़े कर देता हूँ। यह धमकी दे बेताल उड़ा और पेड़ पर लटक गया।

38

मिलकर पूछेंगे उसके दिल का हाल

टिकट की खिच-खिच और दिन भर नेताओं के चक्कर से बेताल का मन भारी हो गया था। वह चेंज चाह रहा था। इसके लिए उसने तरकीब निकाली। सोचा, क्यों न दो-चार दिनों के लिए बगल के राज्य का प्रवास कर लिया जाये। विक्रम को भी उसने अपनी योजना बतायी। कहा कि दो-चार दिनों की तो बात है। फ्रेश होकर आयेंगे, तो चुनाव का हालचाल लेने में दिल लगेगा। तब तक टिकट की किच-किच भी खत्म हो जायेगी। उसके बाद चुनाव में लगेंगे। आखिर जम्हुरियत का सवाल है। विक्रम भी चुनावी कारोबार का हाल देखकर कहीं बाहर निकलने की सोच रहा था। दोनों बाहर निकलने पर सहमत हो गये।

विक्रम के कंधे पर बेताल सवार हुआ। उनकी यात्रा शुरू हुई। महाराज ने आँखें बंद कीं। मंत्र जाप किया। कुछ ही देर में दोनों एक दूसरे प्रदेश में पहुँच गये। लेकिन वहाँ भी चुनाव की चर्चा थी। विक्रम ने कहा—यहाँ आकर फंस गये। पता लगाकर आना चाहिए था। बेताल अपनी नासमझी पर मुस्कुराया। मगर उसने एक सलाह दी। उसका कहना था कि इतनी दूर आये हैं, तो क्यों न थोड़ी तफरीह कर ली जाये। दिल को अच्छा लगेगा। यहाँ के लोगों और यहाँ की सरकार के काम का अंदाजा लग जायेगा। फिर बिहार जाकर लोगों को अपना अनुभव सुनायेंगे। बेताल ने कहा - यहाँ की सरकार ने खूब नाम कमाया है। सुना जा रहा है कि यहाँ की हुकूमत लोगों के लिए खूब काम कर रही है। देश-विदेश के जानकार हैरान हैं। चारो ओर इसके गुण गाये जा रहे हैं।

माहौल को हल्का करने के लिए विक्रम सवाल दागने लगा। पूछा-यह प्रदेश भी कृषि प्रधान है। यहाँ की आबादी का करीब 80 फीसदी खेती पर निर्भर है। लेकिन कृषि क्षेत्र में विकास दर माइनस 18 फीसदी क्यों है? बेताल को यह सवाल

चुभ गया। उसने कहा—हम यहाँ घूमने आये हैं कि हिसाब-पत्तर करने? यह सब हमको समझ में नहीं आता। विक्रम भी मानने को राजी न था। उसने कहा—यह ठीक है कि हम हिसाब करने नहीं आये हैं। तो क्या हमलोग यहाँ हीरो-हीरोइन की बात करेंगे? बेताल ने कहा—तुम तो जानते हो फिल्म देखे जमाना हो गया। मधुबाला की फिल्म देखता था। उसके बाद किसी को देखने की तबियत ही नहीं होती। लेकिन विक्रम फिर अटपट सवाल पूछाने लगा-जब यहाँ के कृषि क्षेत्र का हाल यह है तो उस पर निर्भर आबादी किस दशा में होगी?

बेताल ने बताया-वही तो मैं भी नहीं समझ पा रहा हूँ। इस प्रदेश का ग्रोथ रेट पूरे देश के ग्रोथ रेट से अधिक था, तो कृषि क्षेत्र की यह दुर्दशा क्यों हो गयी? जानते हो कुछ दिनों पहले तक यहाँ का ग्रोथ रेट 11 फीसदी से भी अधिक बताया जा रहा था। उसी समय मैं यहाँ के बदलावों को देखना चाहता था। पर मेरी वह मुराद पूरी नहीं हुई। विक्रम ने कहा—अब आने का मौका मिला। मगर पता चला कि अभी का ग्रोथ रेट घटकर 4.72 फीसदी हो गया है? बेताल चौंका। कहा—किसी अर्थशास्त्री, किसी बुद्धिजीवी ने इसके बारे में नहीं बताया। विक्रम ने कहा—छोड़ो आंकड़ों की भाषा। आंकड़ों में फंसेंगे, तो हमारी यात्रा नीरस हो जायेगी। हम आम आदमी से पूछेंगे उसके दिल का हाल। बेताल को यह सुझाव बढ़िया लगा। वह विक्रम के कंधे पर बैठ कर निकल गया आम आदमी से मिलने।

39

एक नयी सुबह की शुरुआत

मांग के खइबो, मस्जिद के सोइबो
लेबे के एक ना देबे के दोऊ

इस कवितावली ने विक्रम को अचरज में डाल दिया। बेताल के मुंह से कहानी-किस्से के बदले यह? उसने जानना चाहा-क्या बात है। आज तुलसीदास जी को याद कर रहे हो। चुनाव के बारे में किस्सा सुनाने वाले थे?

बेताल ने कहा—चुनाव का टेंशन कोई कम था कि यह नया बखेड़ा आ गया? चलते-चलते बेताल ने विक्रम से यह प्रश्न पूछा। पहले तो विक्रम समझा नहीं। पर बातचीत में जब बाबरी मस्जिद और राम मंदिर का जिक्र आया तो उसे समझते देर नहीं लगी। तुलसीदास की कवितावली की लाइनें क्यों सुनायी जा रही हैं। माहौल को देखते हुए समझ गया कि बात अयोध्या की हो रही है। विक्रम ने कहा—इस

स्थान का नाम आते ही मन घबराने लगता है। घर-परिवार के लोगों और सरकार की चिंता बढ़ जाती है। अनहोनी के बादल उमड़ने-घुमड़ने लगते हैं। बेताल ने कहा—वही तो मैं भी कह रहा हूँ कि चुनाव के क्या नजारे थे। बेजोड़ सीन चल रहा था। अब दो दिनों के लिए हमारा अटेंशन इधर-उधर हो जायेगा।

विक्रम अब सीधे सवाल पर आ गया। पूछा-मंदिर-मस्जिद के बदले हमारी आस्था इंसानियत में क्यों नहीं होती? धर्मस्थान के नाम पर इतनी लड़ाइयां-फसाद क्या कम हुए हैं? बेताल ने समझाया-धर्म के साथ राजनीति का घालमेल होने पर ऐसा ही होता है। तुलसीदास को हम याद करते हैं। उनकी चौपाइयों को रटते हैं। पर आस्था और अतीत के नाम पर अपने वर्तमान को दागनुमा बनाते हैं। मगर दाग लगाने वाले तो हर समुदाय में हैं? विक्रम ने कहा। बेताल ने हामी भरी। कहने लगा-राजनीति ने धर्म के नाम पर समाज में जहर घोल दिया। गंगा-जमुनी तहजीब भूल कर उस विरासत की बात की जाने लगी जिसकी राहें अंधेरी सुरंग में जाकर खुलती हैं।

बेताल ने कहा—इतिहास के कई पड़ावों का साक्षी हूँ। राजनीति में जब-जब धर्म का उपयोग किया गया है, उसके फल बुरे आये हैं। सत्ता की सवारी को यह रास्ता भले उनकी मंजिल तक पहुँचा दे, लेकिन वह मनुष्यता के लिए घातक साबित हुआ है। विक्रम एकटक बेताल की बात सुनता रहा। बेताल ने कहा—कोई 18 साल पहले इस मामले ने तूल पकड़ा तो उसके पीछे राजनीति ही थी। वह ऐसी राजनीति थी जो देश पर भारी पड़ गयी। दिलों में दरारें पड़ीं जिसे पाटने में वर्षों लग जायेंगे। देखते नहीं हो कोर्ट का फैसला आना है और लोग आशंकाओं में डूबे हुए हैं। यह उसी दरार का असर है। बेताल ने कहा—एक रात राजधानी के डाकबंगला चौराहे पर घूम रहा था। एक निहायत गरीब बूथ पर खड़ा था। फोन कर वह अपनी घरवाली को ताकीद कर रहा था-कोर्ट का फैसला आने वाला है। बच्चों को घर से बाहर मत जाने देना। बेताल समझ गया। घाव भरने में अभी वक्त लेगेंगे। उसने कहा—इतिहास से सबक लेना चाहते हो, तो हिन्दुस्तान की साझी संस्कृति-साझी विरासत को मजबूत करो। इतिहास बार-बार हमें अपनी गलती सुधारने का मौका भी देता है। हम तो यह कामना करेंगे कि कल की सुबह नयी हो। नयी शुरुआत के साथ। और यह उपदेश दे बेताल उड़ गया।

40

पता न चला 'वो', कट गया टिकट

विक्रम के कंधे पर सवार होते ही बेताल नाक सिकोड़ने लगा। ऐसा लगा कि वह कुछ सूंघने की कोशिश कर रहा है। कभी दाएँ जाता तो कभी बाएँ। कभी ऊपर देख सूंघने का जतन करता तो कभी नीचे आ जाता। विक्रम भी हैरान था। यह नया तमाशा उसकी समझ से परे था। बेताल बगल से गुजरते राहगीरों को सूंघने की कोशिश करता। अंदाज वही। कभी इधर से तो कभी उधर से। कभी अलग से तो कभी बगल से। राहगीर ऐसा देख हड़क जाते। विक्रम सोचता है–यह बहुत पुरानी बीमारी का लक्षण है। यह बीमारी रह-रह कर उपट जाती है। आम दिनों में तो यह अपना रंग दिखाती ही है, चुनावी बयार के दिनों में यह सिर चढ़कर बोलने लगती है। विक्रम ने पूछा-यह अचानक क्या हो गया? इस तरह सार्वजनिक रूप से किसी को सूंघना शोभा देता है?

बेताल ने कहा–कायदे से इस पर किसी को कुछ नहीं बोलना चाहिए। यह हमारी अस्मिता है। हमारी पहचान। व्यक्ति एक इकाई है। कई यूनिटें मिलती हैं तो समाज बनता है। अब कुछ लोग दिल से चाहते हैं कि यह सूंघन बीमारी खत्म हो। कुछ इसके खत्म होने का दिखावा करते हैं। अब दिखावा करने वालों की तादाद बढ़ती जा रही है। इसलिए मौका मिलते ही सूंघने वाली बीमारी रौद्र रूप धारण कर लेती है। अब देखिए न। चुनाव के पहले सभी पार्टी वाले कह रहे थे कि हम उम्मीदवारों की 'वो' नहीं सूंघेंगे। वे इसका जिक्र करना भी हराम समझते थे। लेकिन टिकट बंटवारे के लिए नाम तय होने लगे, तो सूंघने के कार्यक्रम शुरू हो गये। कई नेताओं को हमने देखा कि वे उम्मीदवारों के बायोडाटा को सूंघ रहे हैं।

इसके पहले विक्रम कोई सवाल करता कि बेताल ने कहा–मैंने भी अपना बायोडाटा जमा किया था। उसमें मेरा नाम-बेताल सिंह शर्मा राय राम सिन्हा खान गुप्ता लिखा हुआ था। नेताओं के पास यह बायोडाटा पहुँचा तो वे उसे लगे सूंघने। पर मेरा 'वो' पता करने में नाकाम रहे। मुझे जानने वालों से मेरा 'वो' पता कराया। पर उसका पता नहीं चला। टिकट नहीं मिला। इसका कारण पूछा तो एक नेता ने कहा कि आपके पास चुनाव लड़ने का कोई अनुभव नहीं है। ऐसा नहीं रहता तो आप अपना 'वो' भी बता देते। उसके आधार पर ही टिकट फाइनल होता है। वैसे आप हैं क्या? बेताल के आगे-पीछे कुछ तो होगा। उसने बताया-मेरे मां-बाप ने मुझे यही नाम दिया है। अब मैं 'वो' कहाँ से लाऊं? उस नेता ने हमदर्दी दिखायी। कहा–आपके पास धन कुछ कम हो,तो चलेगा। पर 'वो' 24 कैरेट चाहिए। चुनाव के मुद्दों पर लाख बहस हो जाये, पर 'वो' के बिना जोरन कैसे पड़ेगा?

विक्रम ने कहा—कुछ तो दुनियादारी सीखो। इतना बढ़िया मौका हाथ लगने जा रहा है। उसे भी गंवा दिया। क्या हर्ज था अगर तुम अपना 'वो' बता देते? बेताल ने कहा कि आप तो दिखावा करने वाले न थे। फिर 'वो' 'वो' क्यों कहते हैं। महाराज आप तो सच्चे हैं। आप तो जानते हैं भूत-पिचाश की कोई जाति नहीं होती। आप जानते हैं कि मैं झूठ बोलता नहीं। टिकट के लिए तो हम असत्य का सहारा ले नहीं सकते। मैं तो यह देखने गया था कि राजनीतिक दल कितने बदले हैं? यह सवाल छोड़ बेताल पेड़ से जाकर लटक गया। कहा—आपको भी पता चल रहा होगा कि हम कितने बदले हैं?

41

... नहीं तो सिर फोड़ देते हैं

धड़ाम-धड़ाम की आवाज से विक्रम की आँख खुली। उसने देखा कि बेताल ईंट-पत्थर उठाकर प्रहार कर रहा है। वह दीवाल पर अनवरत पत्थर मार रहा है। आसपास के लोगों की नींद अप्रत्याशित आवाज से टूट गयी। शांति-शुचिता वाले इस मोहल्ले में ऐसी हरकत की उम्मीद किसी ने कहीं की थी। किसी की हिम्मत नहीं हो रही थी कि वह बेताल की बांह पकड़े या मरोड़े। उससे पूछे-यह मारपीट, यह तोड़फोड़ क्यों?

विक्रम को यह नजारा देख जितना कष्ट हुआ, उसकी यादाश्त में इसके पहले कभी नहीं हुआ था। स्कूल जाने के दौरान पिता की पिटाई से भी इतना कष्ट नहीं पहुँचा था। ऐसा लग रहा था कि बेताल की एक-एक ईंट विक्रम के दिल पर सीधे गिर रही है और वह उससे लहूलुहान होता जा रहा है। गांधीजी के सत्य-अहिंसा के पाठ का कल ही स्मरण किया था। इसलिए पत्थरबाजी की चोट कहीं अधिक गहरी थी। वह दिल पर वार कर रही थी। विक्रम ने सोचा-बेताल भी सत्य-अहिंसा की बात कह बापू के रास्ते पर चलने की बात कर रहा था। पर अचानक?

मोहल्लेवालों ने विनती की। हे विक्रम महाराज, रोकिए। बुजुर्ग बेताल को रोकिये। उनके हाथों को थामिये। चीख-पुकार से विक्रम का दिल द्रवित हुआ। उसने लपककर बेताल को अपनी भुजाओं की गिरफ्त में ले लिया। बेताल ने कहा—मुझे कोई रोकने की कोशिश मत करे। मैं अपने मिशन पर हूँ। यह मेरा महज गुस्सा नहीं, विद्रोह है। एक-एक का कपार फाड़ के रख दूंगा। फड़फड़ाते बेताल ने कुर्सी को हसरत भरी नजरों से देखा। उस पर लात चलाने की कोशिश की। पर विक्रम ने उसे दूसरी दिशा की ओर हवा में लहरा दिया। बेकाबू बेताल को काबू में करने के लिए

उसने तलवार का भय दिखाया, तो उसका शरीर शिथिल पड़ने लगा। मुंह पर पानी का छींटा मार विक्रम ने बड़े प्यार से उसके माथे पर हाथ फेरा। पूछा-यह कौन भूत सवार हो गया था। बेताल पहले तो अचकचाया। फिर बोला-टिकट देव मुझसे रूठ गये थे। लोगों ने कहा कि आजकल के देवता ऐसे ही मानते हैं। तोड़फोड़ को अपना प्रसाद समझते हैं।

बेताल ने कहा कि जब से वह बेटिकट हो गया है, तभी से तोड़फोड़ करने का ख्याल आ रहा है। दूसरे बेटिकटियों ने समझाया-तोड़फोड़ राष्ट्रीय कर्म माना गया है। मन की नहीं होने पर कुछ न कुछ तोड़ने-फोड़ने की इच्छा होने लगती है। पुरानी इमारत और आदमी के सिर में हम भेद नहीं करते। कुछ नहीं मिलता है तो पार्टी तोड़ते हैं। वह भी हाथ न लगे तो दिल तोड़ देते हैं। बेताल ने कहा—पिछले कई दिनों से मैं इन्हीं बेटिकटियों के प्रभाव में था। उनके लूर-लक्षण का मुझ पर असर था। इसलिए मैं भी तोड़फोड़ कर रहा था। मारने-मिटने पर उतारू था।

विक्रम ने आचार संहिता की याद दिलायी। इसके उल्लंघन की सजाएँ बतायीं। बेताल ने पूछा-ये नियम-कायदे हमारे जैसे कमजोरों पर ही लागू करने की धमकी क्यों दी जाती है? विक्रम ने कहा—ये कमजोर के लिए ही बने होते हैं। बेताल यह सुनते ही ऊर्जा से भर गया। उसने कहा—महाराज आपने सच बोल दिया। अब तो मैं चला।

42

काश! हंसों और कौवों का भेद मिट जाता

बेताल के हाथ में पुराने जमाने की दूरबीन और माथे पर हैट। वह बार-बार दूरबीन से देखने की कोशिश करता। विक्रम ने उसे नये अवतार में देखा तो वह अपनी हंसी रोक नहीं पाया। हंसते-हंसते वह पूछने लगा- किसी नौटंकी पार्टी को ज्वाइन करने का इरादा है क्या? बेताल चुप रहा। वह गंभीर मुद्रा में बना रहा। वह बार-बार आँखों पर दूरबीन चढ़ाता और कुछ देखने की कोशिश करता। उसका यह क्रम चलता रहा। लिस्ट देखने के बाद उसके होंठ हिलते। ऐसा लग रहा था कि वह कुछ बोलने की कोशिश कर रहा है। पर शब्द बाहर नहीं आ रहे थे। विक्रम इस अदा पर खीझ गया-बोलना है तो साफ-साफ बोलो। हम सुनें। दूसरे भी सुनकर कुछ समझ सकें।

बेताल ने विक्रम को घूर कर देखा। उसी अंदाज में लिस्ट की ओर देखा। फिर उसे विक्रम को दिखाया। लिस्ट लंबी थी। लिस्ट में कई नाम थे। तरह-तरह

के चुनाव चिह्न के साथ। ऐसा लग रहा था कि यह चुनाव मैदान में उतरने वाले पार्टियों के उम्मीदवारों के नाम हैं। बेताल ने कहा—बिल्कुल सही दिशा में जा रहे हो। यह उम्मीदवारों की सूची है। यह कह वह फिर दूरबीन को आँख की ओर ले जाने लगा। उसने कहा—प्रमुख सियासी दलों के 400 उम्मीदवारों के नाम घोषित कर दिये गये हैं। इनमें सौ के आसपास दागी हैं। उन पर तरह-तरह के आपराधिक मामले चल रहे हैं। जनता ने इन्हें जिता कर विधानसभा भेज दिया, तो ये हमारी तकदीर लिखेंगे। विक्रम ने चुटकी ली-कलम से या बंदूक से। बेताल ने कहा—तोबा-तोबा। शर्म नहीं आती? हथियार की बात करते हो? हम जिस लोकतंत्र में हैं, उसमें असलहों की बात वर्जित है। मुंह से जितनी बात करनी हो कर लो। मगर गोली-बंदूक को जुबान पर नहीं लाना। लेकिन विक्रम ने सवाल पूछना बंद नहीं किया—नेताओं को हथियार से इतनी एलर्जी है तो रायफल-बंदूक के लाइसेंस के लिए इतने दीवाने क्यों हुए रहते हैं? बिना लाइसेंसी भी रखते ही होंगे? बेताल ने इस सवाल का सीधा जवाब देना मुनासिब नहीं समझा। उसने कहा—मेरी राह मत भटकाओ। यह लिस्ट देखो। इसमें आपराधिक छवि वाले सबसे अधिक उम्मीदवार उस दल ने उतारे हैं जिसे सार्वजनिक जीवन में शुचिता की सबसे अधिक चिंता रहती है। वैसे सभी दलों को इसकी चिंता रहती है। पर सभी ने ऐसे उम्मीदवारों को टिकट दे दिया है।

लिस्ट को देखता रहा बेताल। उसने कहा—क्या छोटे, क्या बड़े। सभी ने दागियों को गले लगा लिया। विक्रम कहता है-243 में अगर सौ-सवा सौ दागी रहेंगे, तो मुकाबला दिलचस्प होगा। आधे दागी आधे बेदागी। लोकतंत्र का एक पहिया दागी खीचेंगे और दूसरा बेदागी। बेताल ने कहा—ज्यादा बड़बड़ करने की दरकार नहीं है। जब तक कोर्ट नहीं कह दे,तब तक किसी को दागी नहीं बोल सकते। कितना अच्छा होता कि सभी दागी हो जाते। हंसों और कौवों का भेद मिट जाता, तो कितना अच्छा होता। बेताल दूरबीन के साथ लिस्ट लेकर उड़ जाता है और पेड़ की एक डाल पर बैठकर उसे देखने में लग जाता है।

43

खिलने दो टिकटिया विचारों को

माओ ने कहा—सौ फूलों को खिलने दो। यहाँ भाई लोग कह रहे हैं घर-परिवार में कई टिकटों को मिलने-खिलने दो। बेताल ने विक्रम के कंधे पर बैठते ही यह बात कही। माओ के प्रसिद्ध कोट का हवाला दिया। बिहार के चुनाव में चल रहे

परिवारवाद का जिक्र किया। पर दोनों में कोई तालमेल न देख विक्रम ने सवाल दाग ही दिया। दोनों में कोई साम्य न देख उसका जिज्ञासु होना स्वाभाविक था।

बेताल ने समझाया- सौ फूलों के खिलने का अर्थ सौ विचारों से है। किसी भी बहुलतावादी समाज में विचारों की बहुलता उस समाज की गतिशीलता की निशानी है। हमारा समाज भी बहुलवादी है। बहुत सारे विचार हैं। चुनाव के दिनों में विचार की अहमियत बढ़ जाती है। ये विचार टिकट की ओर धकलते हैं। पर निम्न कोटि का विचार रखने वाले एक खानदान से कइयों को टिकट मिलने को खराब मानते हैं। वे पानी पी-पी कर इसकी निंदा करते हैं। लेकिन विचार के पक्ष को वे भूल जाते हैं। यह विचार की जिजिविषा होती है जो टिकट के लिए कभी ईर घाट तो कभी वीर घाट ले जाती है। टिकट अर्थात विचार नहीं मिलने से लोग नाराज हो जाते हैं तो कई बागी बन जाते हैं। उनका विद्रोही अंदाज क्रांतिकारियों की परंपरा से सीधे जोड़ देता है। पर इसका सार विचार ही होता है।

बेताल ने कहा—देखो तो कितना अच्छा लगेगा। एक परिवार में पिता एक पार्टी से नेता है तो उसका बेटा दूसरी पार्टी से। भतीजा किसी तीसरी पार्टी का नेता है। बेटी चौथी पार्टी से और बहू पांचवी पार्टी से। अर्थात एक परिवार में इतने सारे विचार। जनता को समझना चाहिए कि ये विचारवान लोग उनकी मदद में कितने सहायक होते हैं। फर्ज करो महाराज-आपको कोई काम कराना है। आप उस परिवार के पास जाते हैं जो विचारों की खान है। पिता आपका काम कराने में सफल न हुए तो बेटा करा देगा। उससे भी मामला नहीं फरियाया तो उसका चचेरा भाई आपकी खिदमत में बैठा मिल जायेगा। यानी आपको अपने काम के वास्ते कहीं भटकना नहीं पड़ेगा। जनसेवा की यह भावना अद्भुत है। विक्रम ने कहा—यह तो परिवारवाद का घिनौना रूप है। बेताल ने कहा—लकीर के फकीर मत बनो। समय के साथ चलो। स्मार्ट बनो। वाद की बातें पुरानी हो चुकी हैं।

बेताल कहता है—मेरा मानना तो यह है कि माओवादी बिना वजह जंगल-पहाड़ पर मारे-मारे फिरते हैं। उन्हें समझना चाहिए कि उनके विचारक माओ के विचारों को किस प्रकार लोकतंत्र के साथ जोड़ दिया गया है। यह किसी क्रांति से कम है? विक्रम ने कहा—यह क्रांति नहीं भ्रांति है। बेताल चिढ़ गया। लेकिन उसने समझाने की कोशिश जारी रखी। सुनो- बताओ मजदूर के घर मजूदर पैदा होता कि नहीं? पत्रकार के घर पत्रकार पैदा होते हैं कि नहीं? इंजीनियर के घर इंजीनियर बनते हैं कि नहीं? डॉक्टर, अधिकारी, वकील के धंधे को देखो। खुद देखें, महाराज के बेटे महाराज बने कि नहीं? तो फिर राजनीतिज्ञों के घर पर अनेक विचारों को खिलने से रोकना मुनासिब है? मुझे तो लगता है कि इसका विरोध करने वाले किसी साजिश के शिकार हो गये हैं। विक्रम ने कहा—सच में आज मुझे ज्ञान मिला। बेताल ने कहा—और ज्ञान लेने मैं चला। और वह उड़ गया।

44

एकबार बन जाओ, फिर पैसा बढ़ाओ

कितने वर्षों से भटक रहा हूँ। खाने-पीने के अलावा कुछ बचता ही नहीं। एक अदद छत नहीं हो पायी। बीवी कोसती है। बच्चे तरसते हैं। अपना घर कब होगा? कब होगा बैंक बैलेंस? विक्रम के इन सवालों ने बेताल को भी द्रवित कर दिया। वह सोचने लगा। राजतंत्र के भी क्या दिन थे। हवेली थी। नौकर-चाकर थे। एक आवाज पर पांच कोने से कारिंदे दौड़ लगाते थे। लेकिन विक्रम खुद को इस लोकतंत्र के साथ एडजस्ट नहीं कर पाया। आम आदमी बन गया। हर दिन कमाना-खाना। विक्रम ने आवाज दी तो बेताल की तंद्रा टूटी। कहा—भाई लोगों की जमात में शामिल हो जाओ। इस जनम क्या, अगले सात जनम तक किच-किच से मुक्ति मिल जायेगी। विक्रम चौंका- भाई लोगों के साथ? जान निकल जाये, तो निकल जाये। लेकिन मैं डी कंपनी के साथ कतई नहीं जा सकता। बेताल ने कहा—यही हाल रहा तो अगले सात जनम फकीरी में ही कटेंगे। मैं चुनाव लड़ने वाले भाई लोगों की बात कर रहा हूँ।

उसने कहा—चुनाव लड़ने में बड़ा दम है। कहीं विधायक या मंत्री बन गये, तो समझो जिंदगी तर जायेगी। घरवाली से लेकर बच्चों तक की मुरादें पूरी हो जायेंगी। विक्रम ने पूछा-क्या इन्हें जादू की छड़ी मिलती है? बेताल ने कहा—जादू की छड़ी बीते जमाने की बात हो गयी। अब इन्हें छड़ी की जादू मिलती है। मुहावरे बदल गये। अब के नेताओं की संपत्ति किस रफ्तार से बढ़ रही है। यह नहीं दिखता? पांच साल में किसी की संपत्ति पांच गुना बढ़ी, तो किसी की दस गुना। विक्रम ने पूछा-यह कैसे हो जाता है? बेताल ने समझाया—तुम तो ऐसे पूछ रहे हो जैसे यह कोई रहस्य हो। आम बुद्धिवाले भी मानते हैं कि ये सवाल अब कोई गड़े खजाने जैसे नहीं रहे। वे मानते हैं कि विधायक-मंत्री हो गये, तो पैसों के बढ़ने से कोई नहीं रोक सकता। पैसों को भी पता है कि कौन उनका ख्याल रखता है। किससे मिलता है सम्मान। विक्रम कुछ समझा नहीं। पूछा-हम भी जतन से पैसों को रखते हैं। पर अगले दिन आलू-प्याज के नाम चले जाते हैं। चिल्लरों को बीवी गुल्लक में रखती है। मगर उसमें एक पइसा भी नहीं बढ़ता।

बेताल बहुत दिनों बाद मुस्कुराया। उसने कहा—गुल्लक में रखने से पैसे नहीं बढ़ते। देश के बैंक में रखो तो उत्तम। विदेश में रखो तो सर्वोत्तम। पर विधायकों-मंत्रियों की सैलरी तो इतनी नहीं है कि उनका बैंक बैलेंस इतना बढ़ जाये? विक्रम के इस सवाल पर बेताल ने कहा—सैलरी से किसी भी बंदे का धन बढ़ने से रहा। वो क्या है कि कलम के सिपाही ने भी कहा है कि वेतन तो पूर्णमासी के चांद की तरह है।

महीने में एक दिन ही पूरा दिखता है। पैसा बढ़ाने के लिए अंधेरे में काम करना पड़ता है। पैसा बढ़ाने के लिए बहुत मेहनत करनी होती है। फाइलों का निपटारा करना होता है। नये प्रोजेक्ट्स शुरू करने होते हैं। कंपनियों के साथ बात करनी होती है। विक्रम ने टोका-फाइल पर सिग्नेचर करने और कंपनियों से बात करने का काम तो बड़ा सादा है। इससे पैसा कैसे बढ़ेगा? बेताल ने कहा—एक बार विधायक-मंत्री बने गये,तो सब समझ जाओगे।

45

उनके आने की आहट सुन रहे आप?

एकबार फिर तय हुआ कि वे कहते कुछ हैं और करते कुछ। यानी कथनी और करनी का फर्क। मगर इससे उनको कोई अंतर नहीं पड़ता। असर की बात तो सोचो ही नहीं। बेताल को लगा कि विक्रम आज उससे बदला साधना चाहता है। इसलिए हमसे पहले ही वह बोलने लगा। विक्रम ने कहा—तुम्हारे साथ यही दिक्कत है। सीरियस बात पर नानसीरियस हो जाते हैं। सोचो तो इस विधानसभा चुनाव में पार्टियों ने कितनी महिलाओं को टिकट दिया। बेताल लिस्ट देखने लगा। उसने कहा—लगता है काफी कम है।

विक्रम के मन में सवाल उठा। पूछा-समाज में बराबरी की बात वे कहते हैं। महिलाओं को बराबरी का दर्जा देने की बात करते हैं। पर टिकट बंटवारे में गोलमाल क्यों? बेताल ने कहा—वे कहते हैं कि कहना उनकी मजबूरी है। प्रोग्रेसिव कहलाना उन्हें पसंद है। इसलिए ऐसा कहते हैं। लेकिन दिल से वे नहीं चाहते कि महिलाओं को उनका हक मिले। बराबरी का दर्जा देना तो दूर की कौड़ी है। महिलाओं को टिकट देने में कमोबेश सभी पार्टियों का रुख समान है। सभी ने उन्हें किनारे लगा दिया। विक्रम पूछता है-33 परसेंट को लेकर खूब हंगामा था। हंगामा करनेवालों ने टिकट बंटवारे में अपना फार्मूला क्यों लागू नहीं किया?

बेताल के मुंह से निकला-हूँ। यही तो उनका फार्मूला है। वक्त भले बदल गया हो, पर आधी आबादी को लेकर उनका पुरातन नजरिया कायम है। विक्रम ने कहा—इस बार का चुनाव ऐसे महीने में हो रहा है, जब हमारा समाज देवियों को पूजता है। उनकी आराधना करता है और उनकी कृपा की कामना करता है। लेकिन पार्टियों ने महिलाओं को टिकट देने में इसका भी खयाल नहीं रखा। बेताल समझाता है-धार्मिक मान्यताओं की बात अलग है। जीवित-जागृत व्यवहार की बात अलग।

पितृसत्तात्मक समाज महिलाओं को दूसरे दर्जे पर रखता है। पर वे बढ़ रही हैं और अपनी धाक जमा रही हैं। कोई भी ऐसा क्षेत्र नहीं जहाँ महिलाओं ने दस्तक देनी शुरू नहीं की है। कमजोर और अबला की छवि वह तोड़ रही हैं, अपने दम पर। लेकिन अभी लंबा सफर तय करना है।

विक्रम पूछता है-लेकिन पोलिटिक्स में उनकी धमक क्यों नहीं बढ़ पा रही है? बेताल कोई समाजशास्त्री या घाघ राजनीतिज्ञ तो है नहीं कि वह ऐसे सवालों का तुरत-फुरत जवाब दे दे। वह काफी देर तक चुप रहा। सोचता रहा। उसने कहा—हिस्सेदारी देने वाले ही हिस्सा नहीं देना चाहते हैं। ऐसे में उन्हें अपना हक तो छीनना ही पड़ेगा। बाकी दूसरे क्षेत्रों में वे अपने बुद्धि-कौशल के दम पर मुकाम तय कर रही हैं। बेताल कहता है- कब तक उनकी आवाज दीवारों से टकरा कर चाहरदीवारी के अंदर ही गुम होती रहेगी। बेताल अचानक हवा में लहराने लगता है। कहता है-वो देखो आ रही हैं, सिंहासन संभालने। विक्रम महाराज क्या आपको इसकी आहट सुनायी दे रही है?

46

चुनौती देने की है चुनौती

मैं चुनौती देता हूँ कि कोई पेड़ पर लटक कर दिखाये।
मेरी चुनौती स्वीकार करने की उनमे हिम्मत नहीं।
मैं चुनौती देता हूँ कि उनमें चुनौती देने की भी ताकत नहीं।
मेरी चुनौती स्वीकार कर लें, तो मैं लटकना छोड़ दूंगा।

चुनौती, चुनौती,चुनौती। चारो ओर चुनौती। इस शोर ने विक्रम को परेशान कर दिया था। उसने बेताल को भी चुनौती देते सुन लिया। अमतौर पर बेताल किसी को चुनौती नहीं देता। अब ऐसा वह क्यों करने लगा? उसके मस्तिष्क में यह सवाल उठा ही था कि उसने फिर चुनौती देते हुए सुन लिया। पेड़ से वह किसी को चुनौती दे रहा था। इन दिनों उसका यही धंधा रह गया है। सुबह से देर शाम तक चुनौती-चुनौती बोलता है। राहगीरों को रोकता है और उटपटांग चुनौतियां देने लगता है। कई बार मार होते-होते बची। विक्रम ने भी उसे समझाने की बहुत कोशिश की। लेकिन उसकी एक न चली। विक्रम का सोना-खाना सब मुहाल हो गया है।

आज फिर हंगामा था। पेड़ के नीचे बहुत सारे लोग जुटे हुए थे। वे बेताल

को नीचे आने की चुनौती दे रहे थे। और बेताल उन्हें उड़ कर पेड़ पर आने की चुनौती दे रहा था। इसी शोर-शराबे के बीच विक्रम की नींद खुली। खिड़की से झांका तो देखा कि भीड़ पेड़ को घेरे हुए है। उनमें से एक आदमी तैश में बोल रहा था-नीचे नहीं उतरता है, तो पेड़ को ही काट देते हैं। न रहेगा बांस, न बजेगी बांसुरी। यह कोई सौ-डेढ़ सौ साल पुराना पेड़ था। विक्रम के पुरखों ने उसे लगाया था। उसे काटने की बात चली, तो विक्रम बाहर निकला। उसने बीच-बचाव कर मामले को शांत कराया। भीड़ छंट चुकी थे। लोग अपने-अपने घरों को लौट चुके थे।

शांति कायम होने पर बेताल उतरा। सीधे महाराज के कंधे पर बैठ गया। इसके बाद बातचीत का सिलसिला शुरू हुआ। विक्रम ने पूछा-चुनौती किसे दे रहे थे? बेताल ने कहा—महाराज यह टाइम ही ऐसा है। आपको भी पता है कि टिकट-सिकट बंटने के बाद अब प्रचार का कर्मकांड शुरू हुआ। कई पार्टियों ने मुझे भी प्रचार के लिए न्योता दिया है। एक दल ने मेरा नाम स्टार प्रचारकों में शामिल किया है। कई बंबईया हीरो-हीरोइनों के साथ भाषण करने का मौका मिलेगा। उनके बीच झकास भाषण नहीं हुआ, तो मेरा पानी उतर जायेगा। वह तो ठीक है लेकिन चुनौती किस बात की दे रहे थे? बेताल ने कहा—इसे कौन याद रखे। चुनाव में चुनौती देने में हर्ज ही क्या है। कुछ भी चुनौती दे डालो। उस पर किसी को अमल करना तो है नहीं।

विक्रम ने पूछा-कुछ सार्थक चुनौती क्यों नहीं देते? तुम्हारे सामने कई चुनौतियां हैं, उन्हें दूर करने के बारे में क्यों नहीं ललकारते? बेताल ने कहा—आप हमारे लिए देवतुल्य हैं। पर कभी-कभी आप बहुत भोले बन जाते हो। आप ही बताओ महाराज, असली समस्या पर चुनौती देकर कौन अपना माथा खपाये। हम सभी मिलकर चुनौती का खेल खेलते हैं। यह कह बेताल उड़ा और पेड़ पर जाकर लटक गया। वह फिर चुनौती देने का खेल खेलने लगा।

47

टूटते-बिखरते सपने

विक्रम के कंधे पर सवार बेताल ने कहानी कहनी शुरू की। यह ऐसे लोगों की कहानी है जो अपने मिशन में नाकाम होने के बाद बेकाम हो जाते हैं। उनका मिशन था इस चुनाव में किसी भी पार्टी से टिकट लेना। इसके लिए उन्होंने न जाने क्या-क्या किये। कर्जा-पंईचा लेकर भीड़ जुटाया और आ गये टिकट लेने। लेकिन

यहाँ अनेक प्रतिभाशाली लोग थे। उन्होंने बाजी मार ली। पार्टियों ने टिकट फाइनल किया, तो उनका नाम गायब था।

बेताल ने बताया-एक थे ओंकार। पहले उन्होंने एक सत्ताधारी पार्टी से टिकट लेना चाहा। नेताओं की लॉबिंग की। लेकिन उन्हीं के इलाके के दूसरे दावेदार ने उनका पैर खींच दिया। वे मायूस हुए। पर हिम्मत नहीं हारी। सत्ताधारी दूसरी पार्टी के नेताओं से संपर्क साधा। कुछ लोगों ने भरोसा दिलाया। कहा टिकट पक्का समझो। इस भरोसे उन्होंने खूब खर्च किया। घर खबर कर एटीएम में नोट डलवाया। राजधानी में एटीएम से कड़कड़िया नोट निकाला। टिकट की चाहत में नोटों का होम किया। पर वहाँ भी पैर खींचनेवाले कम न थे। पार्टी ने उम्मीदवार तय किये तो नाम गायब था। बेचारा ओंकार के आगे गड्ढा और खाई वाली स्थिति थी। उसने सोचा-करना तो है ही। गड्ढे में क्यों फंसा जाये। यह सोच उसने विपक्ष की एक पार्टी से संपर्क साधा। वहाँ भी आश्वासन देने वाले कम न थे। फिर वही प्रक्रिया दुहराई गयी। घर पर संदेश भिजवाया। कुछ नोट एटीएम में डाले गये और यहाँ निकाले गये।

विक्रम ने कहा–इतना धीरज नहीं है। कहानी का एंड बताओ। मुझे नेता जी का भाषण सुनने जाना है। बेताल ने धैर्य धारण करने की सलाह दी। उसने बताना शुरू किया-विपक्षी पार्टी के भी भाव आसमान छू रहे थे। ओंकार को लगा कि यहाँ भी वह कामयाब नहीं होगा। अपने मित्रों के सुझाव पर वह विपक्ष की दूसरी पार्टी के संपर्क में आया। वहाँ उसे दूसरे कई ओंकार मिल गये। सबकी दशा एक तरह की थी। सभी कर्ज में डूब चुके थे और नेता बनने का ख्वाब चूर होने को था। कर्ज देने वाले तकादा के लिए घर के लोगों को घेर रहे थे। घर के लोगों ने खबर भिजवाई-प्रिय ओंकार। पता चला कि किसी भी पार्टी से टिकट नहीं मिल पाया। हमने जिन लोगों से उधर लिया था, वे पैसा मांगने आ रहे हैं। खेत लिखने को कह रहे हैं। अच्छा होगा कि चुनाव हो जाने तक तुम अपने मामा के घर चले जाओ।

विक्रम सवाल लेकर हाजिर था। उसने पूछा- बाजार में ये लोग सामान के बदले टिकट खरीदने क्यों गये थे ? बेताल ने कहा–ऐसा ही सिस्टम बन गया है। सब्जी और टिकट की कैटेगरी एक जैसी बना दी गयी है। विक्रम ने रोका। पूछा-कहीं तुम व्यंग्य तो नहीं कर रहे हो? बेताल ने कहा–तुमने सच बोल दिया। अब मैं चला। और वह उड़कर पेड़ पर लटक गया।

48

एक मेडल इस गेम के भी नाम

काश! हमारे धंधे में भी कोई मेडल होता। गले में डालते और उसे चूमते। फिर विजयी मुस्कान की अदा देते। दुनिया देखती। यह सोच बेताल मन ही मन खुश हुआ जा रहा था। लेकिन विक्रम ने बीच में ही टोक दिया-किस बात के लिए तुम्हें मेडल मिले? यह मेडल का ख्याल कहाँ से आया? बेताल ने बताया-कॉमनवेल्थ गेम्स में हमारे खिलाड़ी गोल्ड पर गोल्ड ला रहे हैं। उन्हें देखकर सीना चौड़ा हो जाता है। लेकिन अगले ही पल ग्लानि होती है। हम कुछ नहीं कर पाये। देश को कुछ भी नहीं दे सके।

विक्रम को भाव समझने में थोड़ी दिक्कत हुई। बेताल की बातों से समझदारी नहीं बन पा रही थी कि वह खुश है या दुखी। सो, उसने बीच का रास्ता अख्तियार किया। कहा—हर आदमी खिलाड़ी तो बन नहीं सकता। और हर आदमी तुम्हारी तरह किस्सागो हो नहीं सकता। लेकिन होना यह चाहिए कि जो जिस फन में माहिर हो, उसमें वह हंड्रेड परसेंट दे। बेताल ने इतना सुनते ही मुंह बिचका लिया। कहने लगा-तुम हंड्रेड की बात कर रहे हो, हमारे भाई लोग दो सौ परसेंट दे देते हैं। पर उन्हें कोई मेडल नहीं मिलता। विक्रम को फिर समझने में परेशानी हुई। उसने पूछा-कौन भाई और किस दो सौ परसेंट की बात कर रहे हो?

बेताल ने कहा—चुनाव का टाइम है। बात भी इसी की हो रही है। मैं भी इसी में अपनी टांग अड़ाना चाहता हूँ। बोलो मंजूर है। विक्रम ने कहा—हाँ मंजूर है। उसने कहा—चुनाव प्रचार यानी सच बोलने की प्रतियोगिता। नेताओं के बीच इस बात को लेकर युद्ध छिड़ गया है कि जनता पर कौन अपने सच का जादू चलाने में कामयाब होता है। लेकिन अफसोस की बात है कि सच बोलने के नाम पर एक मेडल तक का इंतजाम नहीं है। इसी तरह सच्चा घोषणा पत्र सभी जारी करते हैं। इसके नाम पर भी मेडल नहीं है। चुनाव के पहले और उसके बाद सच्चे आश्वासन मिलते हैं। पर इस मद में भी मेडल नहीं है। उसने हैरानी प्रकट की। कहा कि मेरी समझ में ये भाई लोग भी खेल खेलते हैं और उनके लिए भी मेडल का इंतजाम होना चाहिए। बेजुबान मेडल अपने पुरुषार्थ की कहानी कहता है। वह किसी पद से बड़ा है।

विक्रम ने सहमति में अपना सिर हिला दिया। पर सवाल पूछा-भाई लोगों के सच में कोई खोट तो नहीं है जिससे उन्हें मेडल नहीं मिला? बेताल ने कहा—यह कहानी पढ़ने वालों पर छोड़ देता हूँ। वही तय करें कि उनके सच में सच्चाई कितनी है? यह कह बेताल एक पेड़ पर जाकर लटक गया। पेड़ के नीचे एक भाई का भाषण

चल रहा था। वह बोल रहे थे-चुनाव में कई लोग आयेंगे। तरह-तरह की बातें करेंगे। पर मैं यकीन दिलाता हूँ कि आपके आशीर्वाद से गद्दी मिली, तो गरीबी दूर करूंगा। बेरोजगारी हटाऊंगा और पलायन रोकूंगा। बेताल यह सुन पेड़ से गिरते-गिरते बचा। इस बार वह उड़ा और दूर जाकर किसी पेड़ पर लटक गया।

49

पहाड़ सा दुख कम कर दे एक भाषण

ऐसा लग रहा था कि बेताल कुछ खोज रहा है। उसके हाव-भाव से जाहिर था कि इस खोज में वह पिछले कई दिनों से लगा था। पर अब तक उसे निराशा हाथ लगी थी। फिर भी वह उस चीज की तलाश कर रहा था जिसकी चर्चा अरसे से हो रही थी। बेताल को परेशान-हाल देख विक्रम भी असहज हो गया था। कंधे पर बैठे-बैठे बेताल कुछ ढूंढ़ने की कोशिश कर रहा था। काफी दूर निकल जाने के बाद जब बेताल की एकरसता नहीं टूटी, तो विक्रम ने सवाल किया-काफी परेशान हो। कुछ गुम हो गया है क्या। तकलीफ न हो तो हमें भी बताओ।

बेताल खामोश रहा। गुम चीज की तलाश का वह उपक्रम करता रहा। घंटों निकल गये। उसकी तलाश जारी रही। पर अब वह इस तलाश में विक्रम का भी साथ चाहने लगा था। उसे लगा अकेले मगज खपाने से क्या फायदा। साथ में जब विक्रम महाराज हैं, तो उनका सहयोग लेने में हर्ज ही क्या है। सो, वह फुसफुसाया। कहा—बिहारी अस्मिता, अपनी पहचान, अतीत के गौरव, भविष्य के संकल्प की तलाश कर रहा हूँ। लेकिन अब तक चुनाव प्रचार में निकले नेताओं के भाषण में ऐसा कुछ सुनाई नहीं दे रहा है।

यह सुन विक्रम समझ गया कि बेताल की परेशानी क्या है। उसे थोड़ी राहत मिली। वह जान गया था कि विधानसभा चुनाव में पक्ष-विपक्ष के नेताओं के भाषण को लेकर वह बात करना चाहता है। बेताल ने कहा—हम समझ रहे थे कि नेताओं के भाषण का अंदाज भी इस बार बदलेगा और पुरानी लकीर के बदले कोई नयी और बड़ी लकीर खींचेंगे। विक्रम ने कहा—अभी तो प्रचार शुरू ही हुआ है। माहौल गर्म होगा तो नेताओं के टोन भी बदलेंगे। बेताल ने कहा—उनके दर्जनों भाषण सुन आया हूँ। एक के बाद दूसरे का। सभी एक-दूसरे पर व्यक्तिगत आक्षेप लगा रहे हैं और हंसी-मजाक कर रहे हैं।

बेताल ने कहा—अपने यहाँ के लोगों का दुख कम थोड़े है। वह तो पहाड़

सा है। कहते हैं कि दर्द जब अधिक हो जाये, तो वह दर्द नहीं रह जाता। एक घड़ी ऐसी भी आती है जब वह दर्द रिलैक्स देने लगता है। नेता लोग जानते हैं कि जनता के दर्द को दर्द न रहने दो। जनता का वे कितना ख्याल रखते हैं? वैसे भी उन्हें पता है कि पब्लिक की तकलीफों का उपचार तो उनके पास है नहीं। फिर काहे का बखेड़ा खड़ा किया जाये। इधर के भाई हों या उधर के, दोनों मिलकर रहम कर रहे हैं। बात ऐसी कर रहे हैं कि वह बाउंस कर जाये। जनता अपनी तकलीफ भूल भाषण सुनती है और ताली बजाती है। फिर वह अपनी दुनिया में लौट आती है। दर्द वहीं का वहीं रह जाता है।

विक्रम ने पूछा-आजकल काफी सीरियस हो गये हो? तुम तो ऐसे न थे? बेताल ने कहा—मैं तो सीरियस होने का स्वांग कर रहा था। चुनाव तक इसी हाल में रहूँगा। दर्द-वर्द के चक्कर में कौन पाले सिरदर्द?

50

हवा में उड़ रहे स्पीच लू के वायरस

काफी इंतजार के बाद जब बेताल के दीदार न हुए तो विक्रम उसे तलाशने निकल पड़ा। कभी इस बागान-कभी उस बागान। पेड़ों की कौन कहे, झाड़-झाड़ी तक को झांक लिया। वह कहीं नहीं दिखा। सूरज सिर पर चढ़ गया था। तभी उसे किसी के कराहने की आवाज सुनायी दी। विक्रम नजदीक पहुँचा। उसने देखा कि बेताल निढ़ाल पड़ा है। उसकी देह तप रही थी। उसके होंठ सूख गये थे। उसे झिझोड़कर उठाने की कोशिश की, पर ऐसा लग रहा था कि उसकी काया में जान ही नहीं है। विक्रम के लिए बेताल को इस हाल में देखना किसी सदमे से कम नहीं था। वह सालों से बेताल को जानता है। उससे अनगिनत कहानियां सुन चुका है वह। पर आज तक उसे बीमार नहीं देखा था। बुखार की कौन कहे, खांसी तक नहीं हुई थी उसे।

बड़ी मशक्कत से विक्रम ने उसे अपने कंधे पर उठाया। वह चल पड़ा हॉस्पीटल। रास्ते भर वह बीमारी के बारे में सोचता रहा। न जाने बेताल को किस रोग ने पकड़ लिया? कहीं इसे डेंगू तो नहीं हो गया? डेंगू का संदेह होते ही उसके पसीने छूटने लगे। सोचने लगा कि आजकल की बीमारी भी अजीब है। मच्छरों और डंक मारने वाले जीव-जंतुओं के बीच रहते बेताल के बाल पक गये। लेकिन उम्र के चौथपन में वह मच्छर के फेर में पड़ गया। विक्रम ने सुन रखा था कि इस बीमारी

में बुखार उतरता नहीं और खून के तत्व नष्ट होने लगते हैं। और आदमी मर जाता है। मरने की बात दिमाग में आते ही वह सिहर गया। लिहाजा, वह तेज कदमों से चलकर डॉक्टर के सामने हाजिर होना चाहता था। रास्ते में उसने ईश्वर-अल्लाह सबको याद कर लिया। देवी-देवताओं से मन्नतें मांग लीं। संकट में फंसा आदमी ऐसा ही करता है। विक्रम ने भी ऐसा ही किया।

अब वह शहर के एब बड़े अस्पताल में पहुँच चुका था। कंधे पर एक बूढ़े को इस तरह लादे देखकर लोग उसे घूर रहे थे। पर विक्रम को इसकी फिक्र नहीं थी। उसे तो बेताल को दिखाना था। जान की खातिर वह एक डॉक्टर के कमरे में घुस गया। पहली नजर में डॉक्टर ने उसे भौंहें चढ़ाकर देखा। इसके पहले डॉक्टर अपने कंपाउंडर को आवाज देते, विक्रम ने अपने बारे में बताया। बेताल का चेहरा दिखाया। कहा कि इसके किस्से आपने भी सुने होंगे। ऐसे असाधारण इंसान को आपके पास लाया हूँ। इसकी जान संकट में है। इसे बचा लीजिए। डॉक्टर को मरीज और उसकी बीमारी में रुचि हुई। विक्रम को उसने सांत्वना दी। कहा—घबराने की जरूरत नहीं है। डॉक्टर ने सबसे पहले बेताल के ब्लड को टेस्ट के लिए लैब में भेजा। कुछ घंटों बाद ही रिपोर्ट आ गयी।

विक्रम दौड़कर डॉक्टर के पास पहुँचा। घबराये विक्रम ने पूछा- रिपोर्ट में क्या निकला? डॉक्टर खामोश रहे। उनकी खामोशी ने विक्रम को और उद्धिग्न कर दिया। उसने टेबल पर एक हाथ मारा। निराशा मिश्रित अंदाज में डॉक्टर ने कहा—इस आदमी को स्पीच लू हो गया है। लगता है यह आदमी एक दिन में कई नेताओं के भाषण सुनने का दुस्साहस कर रहा था। इसकी कोई दवा तो नहीं निकली है। पर परहेज करने से बीमारी दूर हो सकती है। इस बीमारी से ग्रस्त बीमार को ऐसी जगह रखना चाहिए जहाँ भाषण-आश्वासन के शब्द नहीं पहुँचते हों। वोट के दिन तक ठीक हो जायेगा और भरोसे लायक उम्मीदवार को वोट दे सकेगा।

51

चुनाव के बाग में बागियों के बाग-बाग

अब विक्रम नाराज हो गये। उनके कंधे पर सवार बेताल ने मुंह खुलवाने की बहुँत कोशिश की। लेकिन सब बेकार। बेताल को अपराध बोध होने लगा। हमसे क्या खता हुई? महाराज की हर बात का वह ख्याल रखता है। फिर यह नाराजगी क्यों? कुछ कदम निकलने के बाद उसने नयी कहानी सुनाने की कोशिश की। पर विक्रम

की ओर से कोई खास रिस्पांस नहीं मिला। धर्मसंकट में पड़े बेताल ने फिर कोशिश की। इस बार विक्रम ने बेरुखी से पूछा-तुम तो बागावत करने वालों की कहानी सुनाने वाले थे?

बेताल के मुंह से बरबस निकला-धत तेरे की। वह तो समझ रहा था कि मेरी किसी भूल पर महाराज नाराज हो गये हैं। उसने कहा—बागियों की कहानी सुनाने से भला मैंने कब मना किया। यह पुराने जमाने की नहीं, नये दौर के बागियों की कहानी है। उसने कहा—यह कथा है एक राज्य की। वहाँ चुनाव होने वाले थे। चुनाव में टिकट नहीं मिलने के चलते लगभग सभी पार्टियों में बागी पैदा हो गये थे। वे अपने-अपने नेताओं की सरेआम आलोचना करते। तरह-तरह के आरोप लगाते। उनके आरोपों को लेकर जनता के बीच चर्चा होने लगती। कोई कहता कि पैसे लेकर फलां नेता ने फलां को टिकट बेच दिया। कोई कहता कि मेरे समर्पण का कोई मोल नहीं। वर्षों से पार्टी का झंडा ढोता रहा। लेकिन कुछ घंटे पहले आये एक दूसरे दल के नेता को टिकट दे दिया गया। हालत यह हो गयी कि एक-एक विधानसभा क्षेत्र में दलों के उम्मीदवार एक-एक और उन दलों से नाराज बागी अनेक। उन्हें डर लगने लगा कि कहीं चुनाव में उलटा-सीधा न हो जाये। बीच-बीच में विक्रम हुँकार भर लेता। ताकि कहानी सुनाने वाले का तारतम्य बना रहे।

बेताल शुरू था-बागियों के तेवर ने उम्मीदवारों की चिंता बढ़ा दी। पहले तो बागियों को उन्होंने मनाने की कोशिश की। हर उपाय किये। पर उनके तेवर चढ़ते ही जा रहे थे। उम्मीदवारों ने अपने-अपने नेताओं को संदेश भिजवाया। चुनाव मैदान में बागियों से होने वाले नुकसान का हिसाब बताया। यह जान नेताओं के भी कान खड़े हो गये। उन्होंने पुराने संपर्कों के बल पर बागियों को चुप कराने का प्रयास किया। लेकिन बागी अपनी बांह चढ़ाये हुए थे। विक्रम ने टोका-फिर क्या हुआ? बेताल नटवरलाल के हीरो अमिताभ बच्चन की तरह बोला-बताता हूँ, बताता हूँ। समस्या जितनी गंभीर थी, वह उससे कहीं ज्यादा पेचीदा थी। लिहाजा, सभी दलों के नेताओं ने बैर-भाव भूलकर आपस में बात की। तय हुआ कि इस पर बैठक करनी होगी। चुनाव प्रचार से समय निकालकर सभी एक जगह जुटे। बागी समस्या पर मंत्रणा की। रास्ता निकला कि बागियों को शांत करने के लिए उन्हें उच्च सदन में भेजने का भरोसा दिलाया जाये। जो बच जायेंगे, उनके लिए लाल बत्ती का इंतजाम होगा। यह नुस्खा काम आया। बागियों की तनी भृकुटी ढीली पड़ी।

विक्रम जोर से चिल्लाया-सच कहना अगर बगावत है, तो समझो हम भी बागी हैं। बेताल यह सुन अचकचाया। पूछा-महाराज क्या आपको भी लाल बत्ती चाहिए? यह आपको कहाँ से दूंगा। मैं तो कहानी ही सुना सकता हूँ। और यह कह बेताल उड़ा और पेड़ पर जाकर लटक गया।

52

उड़ते सपने, पकड़ते लोग

चुनाव प्रचार तेज हुआ। नेताओं के दौरे शुरू हुए। नेताओं ने हेलीकॉप्टर की धुआंधार सवारी शुरू की। उन्हें देख बेताल ने विक्रम से अपने मन की बात कही। क्यों न हमलोग भी हेलीकॉप्टर से एकाध जनसभा देख लें। विक्रम को बेताल का यह आइडिया बुरा नहीं लगा। उसने हामी भर दी। लेकिन समस्या थी कि वह किस नेता को पकड़कर ले चलने को कहे। विक्रम ने यह बात बेताल से शेयर की। कहा कि हेलीकॉप्टर पर हम सवार कैसे होंगे? बेताल ने कहा कि इसमें कोई दिक्कत नहीं है। ताप-जाप से खुद को हम अदृश्य कर लेंगे। हेलीकॉप्टर पर सवार हो जायेंगे। किसी को कानोकान खबर न होगी। हमारी ख्वाहिश भी पूरी हो जायेगी।

सुबह-सवेरे दोनों हवाई अड्डा पहुँच गये। अनेक हेलीकॉप्टर उड़ान भरने की तैयारी में थे। हेलीकॉप्टर पर सवार होने को नेता आने लगे थे। वहाँ भारी सुरक्षा व्यवस्था थी। यंत्र और उपकरणों से लैस सुरक्षाकर्मियों की चौकस निगाह घूर रही थी। उन्हें देखकर विक्रम डर गया। बोला- इनलोगों ने हमें देख लिया तो गजब हो जायेगा। बेताल ने उसके कान में कहा—हम अदृश्य हो गये हैं। उन्हें हम नहीं दिख रहे हैं। पर हम उन्हें देख रहे हैं। वे क्या बात कर रहे हैं, वह हमें सुनायी दे रहा है। यह सुन विक्रम की जान में जान आयी। दोनों चुपके से हेलीकॉप्टर पर सवार हो गये। थोड़ी ही देर में एक नेता और उनके दो सहकर्मी पहुँचे। गाड़ी से उतरे और तेज कदमों से हेलीकॉप्टर के अंदर घुस गये। गद्देदार सीट पर धंसते ही बड़े नेता ने छोटे से कहा—बाहर कितनी गर्मी है? छोटे ने कहा—यस सर। दो मिनट में ही स्कीन जलने लगा।

अगले ही पल हेलीकॉप्टर के डैने बड़ी तेजी से घूमने लगे। अंदर शोर ही शोर। हेलीकॉप्टर उड़ने लगा। विक्रम ने खिड़की से नीचे झांका-बादल उमड़-घुमड़ रहे थे। बड़े नेता ने कहा—कितना सुहाना मौसम लग रहा है। ये नदियां। पेड़। चौड़ी सड़कें। नदी में नहाते नंग धड़ंग बच्चे। सब कितने सुंदर लग रहे हैं? छोटे नेता ने टोका—सर हमलोग जिस इलाके से गुजर रहे हैं, वह इस राज्य का सबसे पिछड़ा इलाका है। बड़े नेता ने कहा—हमें इस इलाके को उन्नत करना है। लोगों का जीवन स्तर सुधारना है। छोटे ने कहा—यस सर।

ड्राई फ्रूट चबाते बड़े नेता की नजर कतारबद्ध चल रही महिलाओं पर गयी। उन्होंने कहा—लगता है ये महिलाएँ हमारी मीटिंग में जा रही हैं। लेकिन उनके सिर पर मटका-बाल्टी क्यूं है? बगल में बैठे एक दूसरे सहकर्मी ने बताया- सर इस इलाके में पानी की समस्या है। मीलों दूर चलकर महिलाओं को पानी लाना पड़ता है। पानी

का जिक्र आया तो बडे नेता को उसकी तलब हुई। छोटे ने मिनरल वाटर की बोतल पकड़ा दी। चर्चा पानी पर होने लगी। एक ने फरमाया-कहते हैं अगला विश्व युद्ध पानी के लिए लड़ा जायेगा। दूसरे ने कहा—हमारे यहाँ पानी कम नहीं है। पर उसका प्रबंधन ठीक से नहीं हुआ। तीसरे ने कहा—इसके लिए पहले की सरकार जिम्मेदार है। पहले वाले ने रोका-सर पिछली सरकार तो अपनी ही थी। बडे नेता ने कहा—चोप्प। हमारे कहने का मतलब उससे पहले वाली सरकार से है।

पायलट ने पीछे मुड़कर कहा—सर हम पहुँच गये हैं। सभी नीचे झांकते हैं। भारी भीड़ दिख रही है। लोग आसमान की ओर ताक रहे हैं। वे दौड़ रहे हैं। बेताल धीरे से कहता है- लगता है ये लोग सपनों के पीछे भाग रहे हैं।

53

रावणों की भीड़ में राम की तलाश

विक्रम की दिलचस्पी आज जलेबी खाने और दुर्गा की प्रतिमाओं को देखने में अधिक थी। उसकी राय थी कि आज सिर्फ तफरीह की जाये। कहानी-वहानी फिर किसी दूसरे दिन। बेताल को यह सलाह जंची। उसने कहा—कहानी सुनाते-सुनाते मैं भी बोर हो गया हूँ। एक-दो दिन सुस्ताने का मौका मिल जायेगा। दोनों शहर घूमने के लिए निकल पड़े। चारों ओर भक्तिभाव का माहौल। ऐसा लग रहा था मानो सभी लोग आराधना में लीन हैं।

विक्रम ने देखा कि पिछले साल की तुलना में इस बार कुछ और नयी प्रतिमाएँ स्थापित हो गयी हैं। भीड़ पहले की तुलना में अधिक हो गयी है। लाइटिंग व तामझाम भी ज्यादा हैं। भोंपू का शोर तेज हो गया है। भक्ति भावना की प्रवृत्ति बढ़ी है। पर हाहाकार क्यों मचा हुआ है? बेताल ने पूछा-महाराज आप उसी ट्रेक पर सवार होना चाहते हैं जिसपर हमलोगों ने नहीं चलने का करार किया था? विक्रम ने कहा—घूमने का मतलब यह थोड़े होता है कि हमलोग बातचीत नहीं करेंगे। सवाल-जवाब नहीं करेंगे। महाराज ने पूछा-मेरे सवाल का क्या हुआ? बेताल ने कहा—लोगों की लिप्सा बढ़ती जा रही है। इसके चलते हाहाकार का आलम है।

दोनों की बातचीत चल ही रही थी कि बिजली गुल हो गयी। अंधेरा पसर गया। विक्रम ने पूछा-यह बिजली संकट कब दूर होगा? बेताल ने कहा—अभी चुनाव में नेताओं का संवाद सुन रहा था। सभी कह रहे थे कि इस बार सत्ता मिली तो बिजली का संकट भी दूर होगा। विक्रम ने कहा—ऐसा हम बचपन से ही सुन रहे

हैं। बेताल ने कहा कि एक चुनाव और देख लिया जाये। इतने में शोर हुआ। पकड़ो-पकड़ो की आवाज आयी। विक्रम को लगा कि लोग हमें पकड़ने के लिए आवाज दे रहे हैं। कंधे पर बेताल को लिए वह गिरते-गिरते बचा। भीड़ से किनारे होकर विक्रम खड़ा हो गया। उसने एक राहगीर से पूछा-क्या हुआ भाई? उसने बताया-लड़कों का झुंड हुड़दंग कर रहा था। वे महिलाओं पर फब्तियां कस रहे थे। इससे हंगामा हो गया। लफंगे भाग गये।

यह सुन बेताल को गहरी निराशा हुई। लेकिन विक्रम के कदम बढ़ते रहे। आगे जाने पर उसने जनसैलाब देखा। लोग देवी मां के दर्शन को घरों से निकल पड़े थे। विक्रम टोकता है-लोगों के चेहरे पर भक्ति के भाव कम हैं। खुशी अधिक है। ऐसा लगता है कि वे हजारों साल की खुशी एक पल में पा लेना चाहते हैं। बेताल कहता है-आप ठीक कह रहे हो महाराज। लोग अपने रोजमर्रे के जीवन में मरते-खपते हैं। उन्हें खुशी कहाँ मिल पाती है। भक्ति के नाम पर खुशी के दो पल मिल जायें, तो क्या बुरा है। विक्रम पूछता है-आम लोगों को परेशान करने वाला रावण कब मरेगा? बेताल इस पर चुप हो जाता है। विक्रम अपना सवाल दोहराता है। बेताल ने कहा—यही तो मेरी समझ में भी नहीं आ रहा कि साल-दर-साल रावणों की संख्या बढ़ती क्यों जा रही है। हम एक रावण जलाते हैं और कई पैदा हो जाते हैं। विक्रम मासूम सा सवाल करता है-और राम? निरुत्तर बेताल यह सवाल सुन कर बेचैन हो जाता है और उड़ कर एक पेड़ से लटक जाता है।

54

गाछे कटहल ओंठे तेल

बेताल किसी गणना में लगा है। अंगुलियों पर वह लगातार कुछ गिन रहा। कुछ बुदबुदाता। फिर गिनता। इससे भी दिल नहीं भरता तो कैलकुलेटर निकालता और उसके बटन दबाता। जोड़-घटाव का यह क्रम पिछले कई घंटे से चल रहा है। कंधे पर उसे ढोते-ढोते विक्रम परेशान था। रास्ते भर वह बोलता रहा कि कुछ नया सुनाओ। पर बेताल न जाने किस मगजमारी में फंसा था कि उससे वह निकल नहीं पा रहा था।

विक्रम ने ऊंची आवाज में कहा—कुछ सुनाओगे या तुम्हे कंधे से उतारूं। बेताल ने कहा—इस कदर नाराज होने से बना काम भी बिगड़ जायेगा। आप तो मेरे महाराज हो। क्या थोड़ी भी सिमपैथी हमसे नहीं है? विक्रम ने कहा—चाटो मत। यह

बताओ, इतनी देर से गिन क्या रहे हो? बेताल ने अपनी गणना का रहस्य खोला। उसने बताया कि एक उम्मीदवार को टिकट नहीं मिलने पर वह नाराज हो गये। उनकी नाराजगी बागी हो जाने का सबब बन गयी। उनकी पार्टी के आलाकमान ने आश्वासन दिया है कि उन्हें उच्च सदन में भेजा जायेगा। इस आश्वासन के बाद वह गणना करने में लगे हुए हैं। विक्रम चिढ़ गया। पूछा-मैं यह नहीं समझ पा रहा हूँ कि हिसाब-किताब किस बात का लगायी जा रहा है।

विक्रम का मिजाज जितना गर्म थे, बेताल उतना ही कूल था। विक्रम की झुंझलाहट कम करने की गरज से उसने कहा—दरअसल उच्च सदन में जगह पाने वाले इस बात की गिनती कर रहे हैं कि आश्वासन देने वाली पार्टी को कितनी सीटें मिलेंगी। वे अपने-अपने सूत्रों से जानकारी इकट्ठा कर रहे हैं। वे पता लगा रहे हैं कि आश्वासन देने वाली पार्टी को अगर कम सीट मिल गयी, तो उनका मामला फंस जायेगा। फिर उनके उच्च सदन में जाने के सपने का क्या होगा? वे आकलन कर रहे हैं। आश्वासन पाने वाले कई उम्मीदवारों को वह निजी तौर पर जानता है। सभी इसी हिसाब-किताब में लगे हैं। आकलन के हिसाब पर वे अपनी अगली रणनीति तय करेंगे। आश्वासन देने वाली पार्टी को कम सीटें मिलीं तो वे छलांग लगाने की सोचेंगे। विक्रम ने कहा—अगर उधर भी कम सीट मिली गयी तो? बेताल ने कहा—तब जिधर ज्याद सीट मिलेगी वे उधर ही उछल जायेंगे। इस हिसाब-किताब के फेर में उनका मन उचाट हो गया है। चुनाव में उनका दिल नहीं लग रहा।

बेताल ने कहा—मैं इन आश्वासन पाये नेताओं की दूरअंदेशी का कायल हो गया हूँ। गाछे कटहल ओंठे तेल। विक्रम ने कहा—अगर ये नेता राज्य के विकास को आगे ले जाने का हिसाब-किताब करते तो कितना भला होता? पर ये स्व से आगे देख ही नहीं पाते। बेताल टपक पड़ा-महाराज आपने सौ फीसद सच्ची बात कह दी। अब तो मैं चला। और यह कह बेताल उड़ गया।

55

टूट जाये कुछ भी, दिल तो टूटेगा नहीं

बेताल ने कहा—मुझे कुछ-कुछ हो रहा है। यह डर है या दुस्साहस, कुछ पता नहीं चल रहा है। यह खुशी के लक्षण हैं या गम के। यह भी अज्ञात है। लेकिन जो कुछ हो रहा है, उसे बयां कर पाना मुमकिन नहीं है। लेकिन इतना दावे के साथ कह सकता हूँ कि कुछ हो रहा है। इन आंतरिक बदलावों को महसूस किया जा सकता

है। यह मेरे के लिए नये तरह का अनुभव है। वह क्या हो रहा है, ठीक-ठीक बता नहीं पा रहा हूँ। पर कुछ हो रहा है।

विक्रम का डर वास्तविक था। उसे लगा कि मामला कुछ गड़बड़ है। बेताल का कभी-कभी इस प्रकार रहस्यवादी हो जाना कंपकपा जाता है। उसने पूछा-जो हो रहा है, उसके बारे में तो बताओ? पहेली मत बुझाओ। बेताल ने कहा—ऐसा अनुभव हाल-फिलहाल का है। चुनाव से जुड़ा हुआ है। हर दल के नेता हम जैसे साधारण आदमी के लिए कुछ न कुछ आश्वासन दे रहे हैं। इन आश्वासनों को सुन कर मन डरने लगता है। इतने सारे आश्वासनों को लेकर हम जियेंगे कैसे? आश्वासन पूरे हो गये तो पूछो मत। नहीं पूरे हुए तो मत पूछो। दोनों ही हालात हमारे लिए असाधारण साबित होंगे। विक्रम ने कहा—ये आश्वासन पूरे हो गये तो हर्ज ही क्या है? बेताल ने कहा—यही सोचकर डर लगने लगता है। आश्वासन पूरे हो गये तो हम कहीं के नहीं रहेंगे। हमारा जीवन बदल जायेगा। तब क्या नहीं होगा हमारे पास। सड़क अच्छी हुई तो कर्ज पर गाड़ी-वाड़ी भी लेनी होगी। अब तक तुम्हारी भाभी को समझा-बुझाकर बचता रहा हूँ। उससे कहा कि टूटी-फूटी सड़क पर गाड़ी खटारा हो जायेगी। उसका रिसेल वैल्यू भी नहीं मिलेगा। बड़ी मुश्किल से उसने जिद छोड़ी है। अब सुन रहा हूँ कि बिजली का संकट दूर होने वाला है। बिजली होगी तो उसकी खपत भी बढ़ेगी। बाजार के सामान अब घर में लाने होंगे। शौकिया या दिखाने के लिए ही सही, ठंडी हवा देने वाली मशीन भी लानी होगी। यह सोच-सोच कर कौन नहीं सिहर जायेगा। देखो न अभी ही ठंड लगने लगी। इतने सारे सामान हम खरीदेंगे कहाँ से?

विक्रम ने कहा—यह सब होगा तो आमदनी भी बढ़ेगी। बेताल ने कहा—यही तो दुश्वारी है। आमदनी की बात सोचता हूँ तो पसीना बहने लगता है। इसके बारे में कोई आश्वासन नहीं देता। मेरे भी कई तरह के कार्ड बन गये हैं। पर कार्ड से जिंदगी की मेरी राह आसान नहीं हो रही है। कोई उपाय नहीं बताता कि आमदनी कहाँ से बढ़ेगी। अब देखो न, सब कुछ चमका देने का आश्वासन भी मिल रहा है। जब सब कुछ चमकने लगेगा,तो खुद को भी चमचमाता हुआ रखना पड़ेगा। उसके लिए न जाने कितने जतन करने पड़ेंगे। साबुन-सोडा की जगह उम्दा शॉप-शैम्पू का इस्तेमाल करना होगा। पप्पू की मम्मी का कष्ट बढ़ जायेगा। पप्पू की नाक बहती है। उसे स्मार्ट बनाना पड़ेगा। लाजे-लिहाजे कुछ तो करना ही पड़ेगा। अन्यथा लोग क्या कहेंगे। यही सोचेंगे कि सब कुछ बदल रहा है, सभी जगह तरक्की हो रही है और बेताल अब भी भूत बना फिर रहा है।

विक्रम ने सवाल दागा-और ये आश्वासन पूरे न हुए तो? बेताल ने झट से कहा—एकदम सिम्पल। तब कोई परेशानी ही नहीं होगी। इतने सालों से इन्हें सुनता रहा हूँ, एकबार और सही। अब दिल तो हमारा टूटता नहीं। और यह कह बेताल उड़कर पेड़ से लटक गया।

56

लैपटॉप में कैद रणभूमि के सीन

चुनाव के रंग में रंगे बेताल ने इसी की कथा सुनाने का प्रस्ताव दिया। विक्रम तो पहले से ही कहानी सुनने के लिए बैठा था। राह चलते विक्रम ने पूछा-कहानी में रहस्य, रोमांच है या खाली थिसिस ही है। बेताल ने कहा—चुनाव के विविध रंगों को देखकर मैं भी अपनी ज्ञान पिपासा शांत कर रहा हूँ। पहले चुनाव में नेता जनता की नब्ज टटोलते थे। अब लैपटॉपधारियों की माउस के क्लिक से अपनी ब्यूह रचना रचते हैं। विक्रम समझा नहीं। उसने कहा—थोड़ा और स्पष्ट किया जाये। बेताल ने कहा—इसके लिए चलते हैं एक होटल में।

जल्दी-जल्दी चलकर विक्रम एक होटल के कमरे के बाहर पहुँचा। कमरे में एक सज्जन पधारे हुए थे। वह एक पार्टी के लिए काम करते हैं। उनका लैपटॉप खुला है और उसमें वह घंटों से अपना माथा खपाये हुए हैं। चाय पर चाय। कॉफी पर काफी। लगातार सिगरेट के कश। वह एक विधानसभा सीट पर माउस क्लिक करते और सामने बैठे नेता को वहाँ का समीकरण समझाते। वह कहते-इस सीट पर फलां जाति की संख्या अधिक है। वहाँ अपनी पार्टी के उसी जाति के नेता का प्रोग्राम लगाइये। उस एक्सपर्ट के पास हर विधानसभा सीट के आंकड़े मौजूद हैं। एक्सपर्ट यह भी घोषणा करते कि कौन सी सीट क्लीयर है और किस पर फाइट है। एक्सपर्ट ने कहा—यूपी से लेकर आंध्रप्रदेश तक हमने चुनाव का काम किया है। सौ फीसदी सही रिजल्ट हमने दिया। नेता यह सुन गदगद होते हैं। वह सोचते हैं इस बार के खेल के हम ही खिलाड़ी साबित होंगे।

कमरे के बाहर एक अधेड़ उम्र के वरिष्ठ संगठक ठहल रहे हैं। बेताल उनसे सटता है। चुनाव की चर्चा करता है। कमरे के अंदर का नजारा बताता है। एक्सपर्ट के आंकड़ों का हवाला देता है। संगठक कहते हैं-लगता है फील गुडवाली पार्टी पाटलिपुत्र पधार चुकी है। बेताल उनसे बातचीत में फंसा रहता है और इधर विक्रम एक दूसरे कमरे में झांकता है। वहाँ भी एक लैपटॉपधारी एक्सपर्ट कुछ नेताओं से घिरे हैं। उन्हें एक दूसरी पार्टी के नेताओं ने हायर किया है। उनके पास भी आंकड़ों की कमी नहीं। तरक्की से लेकर जाति तक के आंकड़े मशीन में बंद हैं। वह एक ही आंकड़े की व्याख्या कई तरीके से करते हैं। वह इन आंकड़ों के हथियार से रणभूमि का सीन समझाते हैं। फाइनल रिजल्ट देने से पहले गले को साफ करते हैं। कहते हैं कि डेढ़ परसेंट यही वोट गड़बड़ा रहा है। यह अगर आपके फेवर में स्विंग कर जाये, तो समझिए बाजी आपके हाथ ही रहेगी। नेता जी ललाट के पसीने को पोंछते हैं। कमरे से बाहर निकल डेढ़ परसेंट का जुगाड़ करने में लग जाते हैं।

होटल के बरामदे में टहल रहे बेताल से विक्रम ने कहा। कितना अच्छा चांस हमलोगों ने गंवा दिया। हम टिकट के फेर में फजीहत झेलते रहे। बढ़िया मौका था। हम भी लैपटॉप लेकर चुनावी आंकड़ों की नदी में गोता लगाते। बेताल ने कहा—सलाह बढ़िया है। पर यह अगले चुनाव से किया जायेगा। फिलहाल तो पहले चरण का चुनाव देखने चलते हैं।

57

दावों की खेती से दावेबाजों का अवतार

पहले फेज का चुनाव देखकर बेताल आह्लादित हुआ। विक्रम के कंधे पर बैठा और दावा ठोकने लगा। उसने कहा—मैं दिखा दूंगा। मेरी ताकत का अंदाज न तुम्हें था और न उन्हें। मैं दिखा दूंगा कि मेरे पास कितनी ताकत है। वे क्या कहते हैं इसकी परवाह मैं नहीं करता। मैं जो कहता हूँ, उस पर कायम रहता हूँ। मेरा दावा है कि... इसके पहले बेताल कुछ कहता, विक्रम ने टोक दिया। कहा—यह दावेदारी किस बात के लिए हो रही है, मैं नहीं समझ पा रहा हूँ। सच तो यह है कि दावे सुन-सुन कर थक गया हूँ। और बेताल, तुमने भी हद कर दिया। लगे दावा करने।

बेताल ने कहा—चुनाव का वक्त है। पार्टियों के बड़े से लेकर छोटे नेता दावों की खेती कर रहे हैं। सुनते-सुनते मैं भी दावों की टेक्निक सीख रहा हूँ। सोचा इसे पहले अपने आदमी पर ही आजमाया जाये। महाराज आपसे बेहतर मेरा अपना कौन हो सकता है। बड़े नेताओं के दावों की बात तो समझ में आती है। उन्हें अपनी पार्टी का रसूख कायम रखना है। कार्यकर्ताओं-समर्थकों में जोश बनाये रखना है। उनके दावे का सच तो चुनाव परिणाम के बाद ही सामने आयेगा। पर वे दावा करते हैं। वे दावा करते हैं क्योंकि उन्हें दावा करना होता है। यह दावे का कोरम होता है। इस कोरम को पूरा करने में सभी शामिल हो जाते हैं। और इससे निकलता है दावा-कोरस। इस कोरस की अपनी लय है। अपना ताल है। इस पर कई लोगों को ठुमके लगाते देखा है मैंने। यह देख मैं भी उत्साहित हुआ।

कई लोगों को उत्साहित देख रहा हूँ-विक्रम ने कहा। बेताल समझ गया कि वह किन लोगों की बात कर रहा है। बेताल ने बताया-अपने-अपने बड़े नेताओं को देख दूसरी और तीसरी कतार के नेता भी दावों के कोरस में शामिल हो गये हैं। मगर उनके दावा गीत के अर्थ दूसरे हैं। वे इसलिए दावा कर रहे हैं कि सरकार बनने के उनके दावे के एवज में प्रसाद मिल जाये। इसलिए चुनाव मैदान में छोटे-छोटे नेता

भी बड़े-बड़े दावे कर रहे हैं। ऐसा लगता है कि इस चुनाव में दावेबाज नेताओं की फौज ही खड़ी हो गयी है। बेताल ने कहा—जिस जगह पेड़ से लटका था, वहाँ भी कुछ नेता दावा कर रहे थे। उनमें से एक का कहना था कि विकास हमारी पार्टी करके दिखा देगी। दूसरे ने कहा—विकास के नाम पर हुए भ्रष्टाचार की जांच होगी। तीसरे ने कोई दावा नहीं किया। उसने समझाया-इस तरह हमारा आपस में लड़ना ठीक नहीं है। इससे हमारी साख गिरेगी। चौथे का सुझाव था-क्यों न हम विकास और भ्रष्टाचार साथ-साथ चलने दें। समानांतर लाइन की तरह। सबने मिलकर कहा—ग्रेट आइडिया।

बेताल उड़ने ही वाला था कि उसके कानों में दावों के शब्द पड़े। उसने सुनने की कोशिश की। मगर कुछ भी साफ-साफ नहीं सुनायी दे रहा था। ऐसा लग रहा था कि कई शब्द आपस में घुल मिलकर ऐसा व्योम बना रहे हैं जिससे कोई अर्थ नहीं निकल पा रहा था। उसने विक्रम से पूछा-महाराज आप कुछ सुन रहे हैं? विक्रम ने कहा—मैं सुन नहीं रहा हूँ। मुझे दिखाई दे रहा है कि दावों की फसल लहलहा रही है। अच्छी फसल को काटने की तैयारी चल रही है। खेती देखने के लिए बेताल भी उड़ गया।

58

दर्शक दीर्घा से भी खेला जा रहा खेल

बेताल ने कहा कि चुनाव मैदान में तो कई तरह के खेल हो रहे हैं। पक्ष विपक्ष को मात देना चाहता है तो विपक्ष उसे बाउंड्री से पार करना चाहता है। दोनों के बीच घात-प्रतिघात चल रहे हैं। दोनों पलटवार कर रहे हैं। दोनों के महारथी लड़ रहे हैं। उन्हें अपनी-अपनी जीत पर भरोसा है। यह महज दो या चार पार्टियों की बात नहीं है। दलीय हो या निर्दलीय, सभी अपने-अपने खिलाड़ी भावना से खेल रहे हैं। पर एक खेल ऐसा भी चल रहा है जो मैदान से बाहर चल रहा है। यह खेल दर्शक दीर्घा में बैठ-बैठे खेला जा रहा है। बेताल को इस खेल में खूब मजा आ रहा है। विक्रम ने कहा—मुझे भी इस खेल का खेल समझाओ। इस खेल का मर्म समझे बिना कुछ बुझायेगा ही नहीं।

इस बार बेताल ने ही पूछ लिया। चुनाव का मुद्दा क्या है। विक्रम ने धीरे से कहा—तरक्की। बेताल ने कहा—सौ फीसदी सही बात है। सभी लोग तरक्की की बात कर रहे हैं। वे कह रहे हैं कि पहली बार यह मसला केंद्रीय एजेंडा बना है। बिहार में तो जाति-बिरादरी की ही बात होती रही है। पहले आम चुनाव से लेकर

अब तक। यह दलों की बात नहीं है। वोटर भी जाति के चश्मे से अपने प्रतिनिधियों का चुनाव करते रहे हैं। विक्रम ने बीच में कुछ कहने की कोशिश की, तो बेताल ने कहा—इस पर बहस खूब हो सकती है। पर हम तो दूसरी बात कर रहे हैं। बहस में क्यों पड़ना? विक्रम ने समझदार बच्चे की तरह सिर हिला दिया।

बेताल ने कहा—कल एक पार्टी के नेता से भेंट हुई। वह काफी दुखी थे। बीच-बीच में गुस्से का भाव भी उनके चेहरे से झलक रहा था। वह दुखी थे कि उनकी बिरादरी के कम लोगों को टिकट मिला। वह टिकट बांटने वाली टीम को भला-बुरा कह रहे थे। उसी पार्टी के एक दूसरे नेता के मुख-मंडल पर संतोष का भाव था। काफी दिनों बाद उनकी जाति के लोगों को सम्मानजनक संख्या में टिकट दिया गया। वह अपना गणित बताते हैं। अंगुलियों पर विधानसभावार सीटें निकल जाने की भविष्यवाणी करते हैं। जीतने वाले अपने लोगों की संख्या बताने के बाद कैबिनेट का हिसाब बताते हैं। वह कहते हैं कि इस बार बड़ा पद अपने ही रक्त के पास रहेगा। ऐसे नेता किसी एक या दो पार्टियों में नहीं हैं। सभी दलों में इनकी भरमार है। किसी को अधिक मंत्री पद मिलने की उम्मीद है तो कोई अधिक सीट जीत लेने का भरोसा रखे हुए है। लेकिन चुनाव का एजेंडा तो दूसरा है? यह विक्रम का सवाल था। बेताल ने प्रतिउत्तर में कहा—यही तो खेल है। जाति बंधन टूटने के बदले यहाँ जुड़ रहा है। तरक्की का मुद्दा जनता के लिए और जाति का सवाल नेताओं के लिए अहम हो गया है।

59

ताकि फैलता रहे भ्रम, फैलाया जाता रहे भ्रम

बाप रे बाप। इहाँ से सब कुछ दिख रहा है। जानी-पहचानी आवाज सुन विक्रम चौंक पड़ा। उसने नजर दौड़ायी। वह नहीं दिखा। बेताल ने पुकारा- देखो, मैं यहाँ हूँ। विक्रम ने सिर उठा कर देखा, वह घड़ी वाली मीनार पर बैठा था। विक्रम ने आवाज दी-वहाँ क्या कर रहे हो? नीचे उतरो। बेताल ने कहा—महाराज यहाँ से सब साफ-साफ दिख रहा है। कोठियां दिख रही हैं। उसकी चमक भा रही है। झोपड़िया भी नजर आ रही हैं। सड़क पर चलते वक्त ये नहीं दिखतीं। आप भी आ जाओ महाराज। पर विक्रम ने बेताल के इस आमंत्रण को ठुकरा दिया। उसने कहा—नीचे आ जाओ। मुझे किसी जरूरी काम से निकलना है।

पलक झपकते बेताल नीचे उतरा। उसे सीढ़ियों से उतरना तो था नहीं। वह

नीचे आते ही विक्रम के कंधे पर बैठ गया। इसके पहले कि विक्रम कुछ पूछता, बेताल ने बताना शुरू कर दिया। उसने कहा—सुबह से ही यहाँ घूम रहा हूँ। यहाँ के सचिवालय का हाल ले चुका हूँ। विक्रम ने अंदाजा लगा लिया कि अब सचिवालय के बारे में कथा-कहानी सुनने को मिलेगी। बेताल ने कहा—चुनाव में सिर्फ हम और आप ही नहीं डूबे हैं। असली गोता तो यहाँ लग रहा है। छोटे कर्मचारियों की छोड़िए, बड़े साहब भी गुणा-भाग में पसीना बहा रहे हैं। विक्रम चौंका-ऐसा क्यों? बेताल ने कहा—यही तो समझदारी है। छोटे कर्मचारी नेताओं के भाषण पर चर्चा करते। हंसी-ठहाका लगाते। सरकार बनाते। सरकार गिराते और शाम में सब्जी लेते घर लौट जाते। इन दिनों यही इनकी दिनचर्या हो गयी है।

विक्रम ने कहा कि यह तो उनकी स्वाभाविक क्रिया है। अस्वाभाविक क्या चल रहा है? बेताल ने कहा—सचिवालय में बड़े अधिकारियों के कमरों में लगे पंखे से लटका था। एक अधिकारी को देखा कि वे एक साथ कई पार्टियों के संपर्क में हैं। एक दल के नेता को फोन करते और उनकी जीत का यकीन दिलाते। दूसरे पल दूसरी पार्टी के नेता को फोन मिलाते और उनकी सरकार बन जाने की कामना जाहिर करते। उनका मानना है कि आज के जमाने में व्यवहारिक होकर चलना चाहिए। व्यवहारवाद का सिद्धांत उन्होंने अपना लिया है। या आप इसे ना काहू से दोस्ती और ना काहू से बैर भी मान सकते हैं। लेकिन विक्रम भी कच्चा खिलाड़ी तो रहा नहीं। उसने पूछा-तो फोन किस बात के लिए कर रहे हैं? यही तो आज का व्यवहारवादी सिद्धांत है। सभी इस भ्रम में रहें कि आप उनके खास आदमी हैं। ऐसा लगने के कई फायदे हैं। जो पक्ष पावर में आया, उसके आप खास बन जाते हैं। इसका मतलब कि दोनों हाथ में लड्डू? विक्रम की इस जिज्ञासा पर बेताल ने कहा—अब हाथ भी व्यवहारवादी हो गये हैं। एक शरीर में कितने हाथ हैं, इसकी गणना जेब से होने लगी है। यानी जितनी जेबें, उतने हाथ। दोनों के बीच व्यवहारिक रिश्ता है। जेब न हो तो हाथ का कोई मतलब नहीं। यह सुनते ही विक्रम अपनी जेबें टटोलने लगता है। मौका देखकर बेताल पेड़ पर जाकर लटक जाता है।

60

हकीकत में कुछ भी हकीकत नहीं होती

बेताल ने बंबई जाने की जिद पकड़ ली। टिकट कटाने को कहने लगा। चुनाव के रंग-बिरंगे सीन का मजा लेने के बाद अचानक स्वप्न नगरी की यात्रा की बात समझ

में नहीं आ रही थी। उसने समझा बेताल इसी तरह दिल्लगी कर रहा है। जब भरी जवानी में बंबई नहीं गये तो इस बुढ़ौती में जाने का क्या मतलब हो सकता है। चरित्र अभिनेता के लिए भी कोई स्कोप नहीं बचा है। बेताल चुनाव में इतनी दिलचस्पी ले रहा था। फिर बंबई क्यों जाना? बंबई से मुंबई के दरम्यान काफी कुछ बदल गया है। बेताल के जमाने की हीरोइनें भी सठिया गयी हैं। उस मोर्चे पर भी किसी कसक की गुंजाइश नहीं दिखती। तमाम प्रतिकूल हालातों में बंबई की यात्रा क्यों? मन में आये इस सवाल को उसने पूछ ही लिया।

बेताल ने कहा कि पिछली दफा जैसा टिकट मत कटाना महाराज। दिल्ली जाते समय मुगलसराय में ही बोगी से मैं बेदखल हो गया था। पता चला कि टिकट कंफर्म नहीं हुआ। जैसे-तैसे तीन दिनों में दिल्ली पहुँचा। लेकिन अतीत के खट्टे अनुभवों के जिक्र मात्र से बंबई प्रवास के तात्कालिक सवाल का जवाब नहीं मिल पाया। विक्रम ने तिबारा सवाल किया- पहले यह तो पता चले कि बंबई क्यों जाना चाहते हो? बेताल ने कहा—महाराज लगता है आपका दिमाग पहले की तरह नहीं चल रहा है। चुनाव का वक्त है। लोग हीरो-हीरोइनों को बुला रहे हैं। प्रचार करा रहे हैं। लोकतंत्र को अपने डायलॉग से सींच रहे हैं। सोचा, क्यों न उनके पास ही चला जाऊं। बड़े-बड़ों को चलने को कहूँ।

विक्रम ने कहा—अपने पास तो पहले से ही बड़े भैया हैं। ऐसे में दूसरों का मुंह क्यों देखना। बेताल ने कहा—नाराजगी दूर होने के बाद उनकी सभाएँ सुनीं। पर लगता है कि अलग-अलग धाराओं के डायलॉग से मनोरंजन तो होगा ही, लोकतंत्र भी मजबूत हो जायेगा। एक साथ दो महान उद्देश्यों वाले काम हो जायेंगे। डायलॉग बोलने वाले दूसरी धारा के लोगों को नहीं देखा, तो बंबई जाने का विचार आया। कुछ हीरोइनें मिल जायेंगी, तो समझो सोने पे सुहागा। उसने बात आगे बढ़ाई-महाराज इन दिनों गांव के लोग नेताओं से अधिक हेलीकॉप्टर देखने जुट रहे हैं। अब उनके पास दूसरा भी विकल्प होगा। वे हीरो-हीरोइनों को देखेंगे। परदे के बदले उन्हें अपने बीच देखना सपने का हकीकत में बदलने जैसा लगता है। यह दीगर है कि हकीकत में कुछ भी हकीकत नहीं होती। फिल्मों में उनके डायलॉग सुन लोग ताली बजाते हैं। नायक का व्यक्तित्व ओढ़ लेते हैं। पर हॉल से बाहर आते ही सब गायब। उनके चुनावी भाषण का भी वही हाल है। विक्रम ने पूछा—फिर बंबई जाने की जरूरत ही क्या है? बेताल ने कहा—हकीकत समझिए महाराज। वोट की खातिर कुछ तो गढ़ना पड़ेगा। और कुछ नहीं तो एक मायावी दुनिया ही गढ़नी पड़े, तो अपना क्या जाता है। यह तो वह जाने जो इस फेर में फंस गया हो। विक्रम हकीकत समझ नाराज हुआ, उसने कहा—टिकट नहीं कटाऊंगा। बेताल ने कहा—खामख्वाह नाराज हुए जा रहे हैं महाराज। मैं तो मजाक कर रहा था। यह कह बेताल उड़ गया।

61

दोनों करण मिलकर हो गये एक

राजनीति के अपराधीकरण और अपराध के राजनीतिकरण पर खूब चर्चा हुई। दो दशक इसी बहस में गुजर गये। अब तो दोनों करण मिलकर एक हो गये हैं। जैसे चांद और गगन। इस चुनाव में भी बहुत सारे आरोपित चुनाव लड़ रहे हैं। पार्टियों ने उन्हें हाथ खोलकर टिकट बांट दिया। पर ये मुद्दे अब आउट डेटेड हो गये हैं। लिहाजा, अब इस पर चर्चा कम ही होती है। इसके बदले अच्छे लोगों के पोलिटिक्स में आने की चर्चा जोर पकड़ने लगी। आज सभी यही कह रहे हैं। अच्छे लोगों राजनीति में आओ।

विक्रम ने भांप लिया था कि बेताल की किसी अच्छे आदमी से भेंट हुई है। लगे हाथों उसने पूछ ही लिया-पोलिटिक्स में गये किसी सज्जन से मिलना हुआ क्या? बेताल ने कहा—अच्छे लोगों के राजनीति में आने की चाहत क्या तेज हुई, बहुत सारे लोगों ने अपना मूल काम छोड़कर इसकी ओर कूच कर दिया है। अब ठेकेदारी का राजनीतिकरण हो रहा है। ठेका संभालने वाले कई लोग इस चुनाव वोट का हिसाब लगा रहे हैं। कितने ट्रक वोट में उनके विधायक बनने की इमारत खड़ी होगी, यह गणना करते हुए देखा। वे वोट का हिसाब ऐसे ही जोड़ते हैं। अपने मूल काम की तरह। विक्रम ने कहा—यह लोकतंत्र के लिए अच्छा संकेत है। राजनीति अपने में उन तबकों को समाहित कर रही है। यह तबका उपेक्षित पड़ा था।

बेताल ने इससे जुड़ा कोई किस्सा सुनाना चाहा, तो विक्रम ने टोक दिया। कहा—पहले ठेका वाली बात बताओ। उसने कहा—ठेकेदारी का संबंध निर्माण कार्यों से जुड़ा होता है। टूटी-फूटी चीजों की वे मरम्मत कराते हैं। उनको लगता है कि राजनीति में बेहद टूटन आ गयी है। इसकी मरम्मत जरूरी है। यह महान उद्देश्य उन्हें राजनीति में आने को मजबूर कर रहा है। राजनीति उन्हें पुकार रही है और वे आ रहे हैं। विक्रम ने पूछा-तो वे उसी कर्म में अपनी योग्यता क्यों नहीं दिखाते? बेताल ने कहा—यही तो। यही तो सवाल है। मुझे लगता है कि पैसा होने के बाद हर आदमी एक्स्ट्रा पावर की खोज में लग जाता है। यह सिर्फ धन से पूरा नहीं होगा। इसके लिए जनसेवा का माध्यम सर्वाधिक उपयुक्त लगता है। जमा पूंजी भी चाहती है कि उसका सम्मान हो। वह लोगों के सिर चढ़कर बोले। इसमें जनसेवा का छौंक लग जाये, तो सोने पर सुहागा।

उसने समझाया-दूसरे बहुत सारे लोग निर्माण और सृजन से जुड़ा काम करते हैं। पर राजनीति उन्हें अपनी ओर नहीं खींच पाती। ऐसा लगता है कि यह ताकत ही राजनीति में नहीं बची है। ऐसा इसलिए होता है कि ऐसे अभागे सर्जकों के पास

धन का अभाव होता है। यह अभाव उनके विचारों में भी दिखता है। और विचारों की दरिद्रता होगी, तो राजनीति दूर भागेगी। पर ठेके के काम से जुड़े लोगों को देख लो। चेट जितनी मतजूब दिखती है, विचार भी उतने ही उम्दा हो जाते हैं और विचारों को फैलाने के लिए राजनीति का मैदान तो है ही।

62

फिर बेतलवा उसी डाल पर

ऐसा लगा जैसे विक्रम को बेताल का ही इंतजार था। कंधे पर सवार होते ही विक्रम ने पूछा- क्या दिल की तिजारत होती है? भावनाओं का कारोबार होता है? इच्छाओं का व्यापार होता है? बेताल के लिए ये अटपटे सवाल थे। पर उसने अपने अनुभव के आधार पर जवाब देने की कोशिश की। उसने बताया कि बाजार बढ़ा तो कारोबार बढ़ा। सामान का दायरा भी बढ़ा। बढ़ते-बढ़ते असत्य वचन तक पहुँच गया। विक्रम चौंका। पूछा-असत्य वचन?

बेताल मुस्कुराया। कहा—हाँ, असत्य वचन। उसने कहा कि असत्य वचन के कारोबार की कहानी सुनाता हूँ। बात सैकड़ों साल पुरानी है। एक राज्य था। उस राज्य में शामिल गांवों के लोग अपना-अपना प्रतिनिधि चुनते थे। प्रतिनिधि चुनने के लिए आज जैसी व्यवस्था तब नहीं थी। पर मतदान की प्रक्रिया गुप्त थी। प्रतिनिधि चुनने के लिए धातु निर्मित एक गोलाकार वस्तु का इस्तेमाल किया जाता था। वहाँ राजा के प्रतिनिधि बैठकर प्रक्रिया देखा करते थे ताकि कोई गड़बड़ न कर दे। गुप्त मतदान की प्रक्रिया खत्म होने के बाद उसी शाम परिणाम घोषित कर दिये जाते थे। ऐसा इसलिए कि दुश्मन राज्य हमला कर मतदान की पेटियों को तहस-नहस न कर दे। चुनाव के नतीजे घोषित होने के बाद सुबह नव निर्वाचित प्रतिनिधि राज दरबार पहुँचकर शपथ लेते थे।

उस राज्य में चुनाव की यह प्रक्रिया चलती रही। लेकिन जैसे-जैसे समय बीतता गया, कई तरह की बीमारियों ने चुनाव प्रक्रिया को अपनी जद में ले लिया। वोटरों को तरह-तरह के प्रलोभन दिये जाते। उन्हें मुद्राएँ दी जातीं। मदिरा का सेवन कराया जाता। यह सब सुनकर उस राज्य का राजा दुखी हो जाता। उसे पता था कि अच्छे प्रतिनिधि चुनकर नहीं आयेंगे, तो उसका मंत्रिमंडल कमजोर होगा। उधर, जनता के बीच निकले प्रतिनिधि लोगों को झूठे आश्वासन देते। जो काम उनके वश

में न होता, उसे भी पूरा करने का वे भरोसा दिलाते। जनता को दिग्भ्रमित करने की पूरी कोशिश की जाती। जनता भी भ्रम में पड़ जाती। गली-मोहल्ले के गौरव गान पर मतदान की अपील की जाती। जनता के पास बहुत विकल्प था नहीं। मतदान में असत्य वचन बोलने वाले प्रतिनिधि चुन लिये जाते थे। सालों तक उस राज्य में ऐसा ही चलता रहा। धीरे-धीरे लोगों का अपने जन प्रतिनिधियों के प्रति भरोसा कम होता गया। दिन प्रति दिन असत्य का कारोबार बढ़ता ही गया।

विक्रम ने पूछा- यह तो आज की बात लगती है? बेताल ने कहा—ऐसा मुझे नहीं लगता। हाँ, असत्य के कारोबार के बदले आज का चुनावी कारोबार असत्य आधारित जरूरत लगता है। यह सुन विक्रम सोच में डूब गया। वह सोचने लगा कि बेताल के जवाब का क्या अर्थ निकाला जाये। चिंतन की मुद्रा में देख बेताल ने कहा—महाराज आप सोचो, मैं तो चला।

63

सवाल बन गये भूत तो भागने लगे सब

बेताल हाँफ रहा है। वह भाग रहा है और भागा जा रहा है। उसके पीछे विक्रम महाराज भी लगे हैं। पर बेताल के पांव थमने का नाम नहीं ले रहे हैं। विक्रम को चिंता होती है कि बुढ़ऊ बेताल का हार्ट बीट जवाब न दे जाये। उसने आवाज दी। रूकने को कहा। पर बेताल भागा जा रहा था। विक्रम ने अपनी चाल तेज की और कुछ फलांग के बाद बेताल को पकड़ ही लिया। उसने पूछा-आज मुझे देखते ही क्यों भागने लगे? क्या मैंने तुम्हारा कर्ज लिया है? बेताल कहने लगा-महाराज आप कैसी बात कर रहे हैं। आपके बिना मेरा क्या अस्तित्व। मैं तो अपने आगे जा रहे नेताओं को रगेद रहा था। हमारे पीछे जनता आ रही हैं। विक्रम यह वृतांत सुनकर चौंक गया। जनता रगेद रही है? पर क्यों?

बेताल ने बताना शुरू किया। कहा—नेता जी, जन संपर्क में निकले थे। जनता ने घेरा। उसने सवाल करना शुरू किया। लोग पूछ रहे थे-मोहल्ले के अंदर की गली क्यों नहीं बनी? नेता जी का जवाब था-सारी औपचारिकताएँ पूरी हो गयी हैं। फाइल आगे बढ़ ही रही थी कि चुनाव की घंटी बज गयी और आचार संहिता लग गया। अब तो संहिता खत्म होने के बाद ही मामला आगे बढ़ेगा। नेता जी ने अपनी बात आगे बढ़ायी। कहा—दोस्तो छलिया होंगे दूसरे। मैं तो साफ बोलता हूँ। आप क्या इन गली-कूचों के चक्कर में फंसे हैं। ये मामूली बातें हैं। हम विकसित

समाज के विकसित नागरिक हैं। हमें बड़े सरोकारों से वास्ता रखने की जरूरत है। हमें सोचना चाहिए कि हमारे देश पर किस प्रकार का खतरा है। ड्रैगन रोज फूंक मारता है। दूसरे पड़ोसी हमें बर्बाद करने पर तूले हैं। और आपलोग जल जमाव और अस्पताल जैसे तुच्छ सवालों के पीछे पड़े हैं?

जनता ने दूसरे नेता से पूछा-महंगाई का सवाल उठाया। नेता ने गले को साफ किया। उपस्थित मित्रों, महाँगाई का मसला वैश्विक है। पूरी दुनिया में इसे लेकर चिंता जाहिर की जा रही है। चिंता हमें भी है। आखिर रोटी का सवाल है। यह सवाल सीधे आपके-हमारे पेट से जुड़ा है। इस महंगाई में रोटी की किल्लत से बचने के लिए दूसरे देशों में लोग पिज्जा-बर्गर ले रहे हैं। हमें ऐसे विकल्पों पर गहरायी से विचार करने की जरूरत है। उनका कहना था कि दुनिया में महंगाई घटेगी तो अपने यहाँ भी वह घट जायेगी। लेकिन आपको पता है कि यहाँ की सरकार महंगाई को कम करने में कोई रुचि नहीं दिखा रही है। कालाबाजारियों के खिलाफ कोई अकुंश नहीं है। वे मालामाल हो रहे। भीड़ की ओर से तरह-तरह के सवाल पूछे जाने लगते हैं। जनता की अदालत में आये नेता उन सवालों को सुन आँखों ही आँखों में इशारा करते हैं। बात करते हैं। और फुसफुसाते हैं। वे कहते हैं-यहाँ की जनता सड़क, अस्पताल, बिजली से आगे नहीं निकल पा रही है। ऐसे में हमारी फजीहत हो जायेगी। वहाँ मौजूद सभी नेता एक साथ भीड़ से निकल कर भागने लगते हैं। उनके पीछे जनता होती है। बेताल ने कहा—मैं उनकी खबर लेने उनके पीछे जा रहा था। विक्रम ने कहा—ऐसी बात है तो मैं उन्हें तलाशने निकलता हूँ। विक्रम चला जाता है और बेताल उसकी प्रतीक्षा में एक पेड़ पर जाकर लटक जाता है।

64

चक्रवर्ती राजा जी उतरे रोड पर

रोड शो चल रहा है। भारी भीड़ जमा है। भीड़ में शामिल लोगों के चेहरे किसी अज्ञात बीमारी से पीले पड़ गये हैं। गाल धंसे हुए हैं। पेट और पीठ दोनों आपस में बात करते लगते हैं। महिलाएँ भी भीड़ में हैं। कमजोर-लाचार। बच्चों की पुकार सुन बेताल नींद से जागता है। पसीने से तर-बतर। सच तो यह है कि पसीने से उसका शरीर भींग गया था। बेताल रोड शो का सपना देख रहा था। वह सोचने लगा-ऐसा सपना मैंने क्यों देखा।

उसे ध्यान आया। हाल के दिनों में वह रोड शो का जिक्र करते कई लोगों

को देख-सुन चुका था। विधानसभा चुनाव को लेकर नेताओं के रोड शो चल रहे हैं। पहले उसे नहीं पता था कि धरना-प्रदर्शन, दौरा, पदयात्रा के बदले नेताओं ने रोड शो पर जोर देना क्यों शुरू कर दिया है। उसे लगा कि रोड शो में खुली गाड़ी पर सवार होकर हाथ हिलाकर लोगों की ओर देखना किसी सम्राट से कम नहीं लगता है। वह भी चक्रवर्ती राजा की तरह मुस्कुराते और हाथ को हवा में लहराते। उनका अंदाज-ए-बयां ऐसा होता है जैसे जनता की दिक्कतों को वे हवा में लहरा रहे हों। वे बता रहे हों कि हे जनता देखो, जिस बात के लिए तुम दुखी रहती है, उसे हमने कैसे हवा में लहरा दिया।

उसी रोड शो की बात दिमाग के किसी कोने में धंस गयी। बेताल सोने के दौरान जैसे ही अचेतन अवस्था में पहुँचा, रोड शो का कार्यक्रम शुरू हो गया। पर वह नींद की बात थी। सपने में रोड शो देखा गया था। बेताल की असल परेशानी आँख खुलने के बाद शुरू हुई। वह सोचने लगा कि यह अजीब तरह के लोगों का रोड शो हमने सपने में क्यों देख लिया? असली रोड शो तो नेता लोग करते हैं। लेकिन सपने में आये उसके रोड शो में गरीब-मजलूम कहाँ से आ गये? उसमें शामिल लोग कह रहे थे कि सालों से उनकी हालत बदतर होती जा रही है। कई पीढ़ियां गुजर गयीं, हुई नहीं सुबह। यह सबेरा कब होगा। उसे इस सवाल का जवाब नहीं मिल रहा था।

यह ऐसा सवाल बन गया था जिसका जवाब बेताल के पास भी नहीं था। उसने बहुत विचार करने के बाद सोचा, क्यों न महाराज विक्रम के पास चला जाये। उनकी सहायता ली जाये। वह विक्रम की तलाश में निकल गया। काफी घूमने के बाद देखा कि विक्रम एक रोड शो में शामिल है। बडी संख्या में युवा अपनी बाइक लिये वहाँ पहुँचे थे। अच्छे कपड़ों में सज-धज कर लोग उसमें शामिल थे। यह अच्छा लग रहा था। जिंदाबाद के नारे लग रहे हैं। चेहरे पे हंसी तैर रही है। उन्हें देखने वाले लोग भी निराकार भाव से हाथ हिला देते हैं और स्वागत करने का कोरम पूरा करते हैं। मौका पाकर भीड़ में ही बेताल ने विक्रम के कंधे पर छलांग लगा दी। बेताल ने पूछा-महाराज रोड शो में कैसे आ गये? महाराज ने बताया-भाड़े पर लाया गया हूँ। दूसरे लोग किस तरह शामिल हुए, मैं बता नहीं सकता। हो सकता है कि उम्मीदवारों और पार्टियों की विचारधाराएँ उन्हें खींच लायी हो। सोचा अगली दफा से अपने को भी रोड शो करना होगा। उसकी तैयारी कर रहा हूँ। बेताल ने कहा—आपकी तैयारी में मैं भी शामिल हूँ। हम सब मिल करेंगे रोड शो। हाथों को लहरा कर जनता की लाचारी को हवा में उड़ा देंगे। यह डायलॉग मार बेताल उड़ा और पेड़ पर जाकर लटक गया।

65

लाइन का सरकना नहीं, उसकी लंबाई देखिए

कंधे पर सवार बेताल ने विक्रम से बूथ की ओर चलने को कहा तो पहले वह कुनमुनाया। कहा कि वोट देकर क्या करोगे? हर पांच साल पर वोट देते आये। क्या तुम्हारी मुराद पूरी हुई? बेताल ने समझाया। वोट का महत्व बताया। कहा कि एक वोट से बहुत कुछ बदल सकता है। अब पुरानी कहावत बदल गयी कि एक चना भाड़ नहीं फोड़ सकता। अब का जमाना कहता है कि एक चना भाड़ फोड़ सकता है। पर इसके लिए तैयार होना होगा।

वोट के दिन बेताल सबेरे ही जग गया। तैयार होकर बूथ की ओर गया। दूर से उसने देखा बूढ़े-बुजुर्गों को। महिलाओं को और नौजवानों को। उसने अपना वोटर आईकार्ड जेब से निकाल कर हाथ में रख लिख। बूथ पर जाने से पहले बहुत सारे लोग वोटर लिस्ट में अपना नाम तलाश रहे थे। उन्हें पर्ची की दरकार थी। बेताल ने भी अनुरोध किया-भाई साब मेरा नाम भी देख लीजिए ना। उस भाई ने अपनी व्यवस्तता जाहिर की। वह दूसरों का नाम ढूंढने में लगा रहा। वहाँ खड़े सारे लोगों को पर्ची चाहिए थी। कुछ उतावले लोग वोटर लिस्ट अपने हाथ में लेकर अपना नाम ढूंढ रहे थे। बेताल ने भी हिम्मत की। पर वोटर लिस्ट पर वह झपट्टा मार नहीं सका। विक्रम ने बेताल की दशा देख ऊंची आवाज में कहा—ये बूढ़े आदमी घंटे भर से खड़े हैं। इनका नाम तो देखिए।

बेताल का नाम तलाशने के लिए पूरी लिस्ट छान मारी गयी। नाम नहीं दिखा। वह निराशा के गर्त में जाने ही वाला था कि किसी ने बताया-रिवाइज्ड लिस्ट में नाम है। बेताल का वोट बूथ नंबर 54 पर है। पर्ची देनेवाले ने कहा—बाबा, इसमें आपकी उम्र 27 साल है। और हैं 77 के। आपकी पत्नी की उम्र 47 साल दर्ज है। बेताल थोड़ा झेंप गया। दूसरे लोगों ने कमेंट किया। सभी हंसने लगे। लेकिन बेताल ने तय कर लिया था कि इन व्यवधानों से वह घबरायेगा नहीं। वोट जरूर देगा। आखिर लोकतंत्र का सवाल है। उसने गलत उम्र की पर्ची बनवा ली। अब वह विक्रम के कंधे पर सवार था। उसने बूथ नंबर 54 की ओर चलने को कहा। वहाँ लंबी लाइन लगी थी। सभी अपने-अपने आई कार्ड और पर्ची के साथ उत्सव में शामिल थे।

वोट कास्ट करने की रफ्तार काफी धीमी थी। लाइन में खड़े लोगों ने बताया कि वे सुबह आठ बजे से खड़े हैं। अब 11 बजने को आये। लाइन सरक ही नहीं रही है। यह सुन विक्रम ने आँखें तरेरी तो बेताल ने कहा—महाराज, क्या लोकतंत्र के लिए इतना भी नहीं कर सकते। फिल्म देखने में तो पांच घंटे बर्बाद कर देते हो? सूरज अब सिर की सीध में आ गया था। सुबह के गुलाबी मौसम की जगह चुभने

वाली गर्मी ने ले ली थी। तीसरे पहर तक बेताल लाइन में ही लगा रहा। पीछे और भी वोटर जुड़ गये थे। बूथ से पीं-पीं की आवाज आ रही थी। मतलब साफ था कि उधर लोकतंत्र चल रहा है।

सूरज पश्चिम की ओर जाने लगा तो उकताये विक्रम ने सवाल किया-तुम्हारा लोकतंत्र आगे सरक क्यों नहीं रहा है? बेताल ने दार्शनिक सा जवाब दिया-महाराज, यह देखने का वक्त नहीं कि तुम कितना आगे निकले। तुम यह देखो की तुम्हारे पीछे की लाइन कितनी लंबी हो गयी है? यही तो गतिशील लोकतंत्र की निशानी है। उसने पूछा-क्या आप भी लाइन में लगे हैं?

66

बधाई और शुभकामना देने का फंडा

पेड़ पर लटके-लटके बेताल गुजरने वालों को बधाई देता। कहता-बधाई हो। बीच-बीच में शुभकामना भी दे देता। राहगीर आवाज सुन ऊपर देखते और दांत निपोर कर आगे बढ़ जाते। किसी ने यह पूछने की जरूरत नहीं समझी कि बधाई और शुभकामनाएँ क्यों बांटी जा रही हैं। घंटों यह सिलसिला चलता रहा। बधाई और शुभकामना देने को लेकर बेताल इस कदर उत्साहित था कि उसकी जुबान भी नहीं थक रही थी।

बधाई और शुभकामना देते-देते काफी वक्त गुजर गया। बेताल ने जब पेड़ के नीचे विक्रम को देखा तो बधाई हो-बधाई हो कहते कूद गया। विक्रम ने पूछा-बधाई किस बात की दे रहे हो। मैंने तो बधाई पाने जैसा कोई काम नहीं किया। शुभकामना का अर्थ भी नहीं समझ पाया। बेताल ने कहा—बधाई और शुभाकमना देना पुनीत काम है। समाज इतना कृपण हो गया है कि लोग एक-दूसरे को खास मौकों पर ही बधाई और शुभकामनाएँ देते हैं। ऐसे अवसर साल में दो-चार बार ही आते हैं। हम चाहते हैं कि हर दो-चार दिनों के गैप के बाद लोग एक-दूसरे को बधाई और शुभकामना दें। इससे हमारे आसपास खुशनुमा माहौल बनेगा। लोगों को खुशी का अहसास होगा। उन्हें अहसास होगा कि उन्होंने भी इतराने लायक कुछ काम किया है। मल्लू की तरह न शुभकामना देना और न बधाई पाना पशु जीवन का द्योतक माना जायेगा।

बेताल ने कहा कि नेताओं की नकल कर रहा हूँ। वे बात-बेबात देशवासियों को बधाई देते हैं। यह सुन देशवासियों को भी अच्छा लगता है। वे खुद को इस

व्यवस्था से जुड़ा हुआ महसूस करते हैं। अब देखो न। मंदिर-मस्जिद विवाद का फैसला आया तो उन्होंने देशवासियों को बधाई दी। उन्होंने कहा कि फैसले के बाद कोई हिंसा-प्रतिहिंसा नहीं हुई। इससे ऐसा लगता है कि देश के लोग खून-खराबे पर उतारू थे। चुनाव में अधिक वोट पड़ा तो शुभकामना। शुभाकमना की वजह साफ है। अधिक वोट का पड़ना। मतलब कि लोग अपने अधिकार के प्रति सचेत हो रहे हैं। कम वोट पड़े तब भी बधाई। इससे पता चलता है कि लोग वोट के चक्कर में नहीं पड़ देश के विकास में अपना योगदान करने को तवज्जो दे रहे हैं। वोट का खेल तो चलता रहने वाला है। पर देश का विकास? इसकी रफ्तार थमने नहीं देनी है। इस जज्बे के लिए नागरिकों को बधाई और शुभकामना।

हम आगे बढ़ रहे हैं, इसके लिए नागरिकों को बधाई। हम कई वजहों से कई मामलों में पीछे हैं, तो इसके लिए भी बधाई। चूंकि आगे बढ़ने के लिए हमारे दिल में जज्बा है। इस जज्बे की परख उनकी पारखी आँखें कर लेती हैं। लिहाजा, उनका हमें बधाई संदेश संबल प्रदान करता है। ताकत देता है। महाराज, आपको भी बधाई। विक्रम चौंका। पूछा-वही तो जानना चाह रहा हूँ कि मुझे किस बात की बधाई? बेताल ने कहा—आप मुझे कंधे पर ढो रहे हैं, सालों से। क्या मैं इतना बेगैरत हो गया कि इसके लिए आपको बधाई न दूं। विक्रम ने कहा—बधाई की असली हकदार तो जनता है जो न चाहते हुए भी कुछ न कुछ ढो रही है। बेताल ने कहा—उन्हें भी बधाई। और बधाई देकर बेताल उड़ गया।

67

लटक, लटका और लटकन

आज विक्रम ने सवाल पूछने में देरी नहीं की। पूछा-इतने सालों से पेड़ पर लटकते रहे हो। कैसा अनुभव रहा है? इस सवाल पर बेताल चुप रहा। मगर यह चुप्पी चिंतन के स्तर पर थी। ऐसा नहीं था कि वह इसका जवाब देना नहीं चाहता था। वह द्वंद्व में था। शुरू कहाँ से किया जाये, यह दुविधा उसके सामने थी। लेकिन दुविधा तोड़ उसने बताना शुरू किया-बात बहुत पहले की है। तब लटकने की प्रथा नहीं थी। पर धीरे-धीरे राजतंत्र में गड़बड़ी शुरू हुई और लटकने वाले पैदा हो गये। कई पीढ़ियों के बाद राजा लोग अपने साथ लटकने वालों को लेकर घूमने-फिरने लगे। लेकिन माफ करना इन लटकनों की तुलना दरबार के नवरत्नों से नहीं करना। धरती पर लटकन प्रजाति का धीरे-धीरे विकास होता रहा। राजतंत्र गया तो जनतंत्र आया। और

मेरा अनुभव कहता है कि लटकन प्रजाति और प्रवति का बड़ा ही सुंदर तरीके से विकास हो रहा है। इसकी रफ्तार के आगे देश और राज्य का ग्रोथ रेट मुंह चिढ़ाता हुआ लगता है।

काश पहले के राजा होते तो लटकन प्रजाति को देखकर कितना खुश होते। उनकी दूरदृष्टि कितनी उम्दा थी। परलोक से अगर वे देख पा रहे होंगे, तो अपार हर्ष का अनुभव कर रहे होंगे। पहले तो एक राजा के पास कुछ लटकन होते थे। पर अब जनतंत्र में हर राजा के पास लटकन हैं। राजा छोटा हो या बड़ा, सभी लटकन रखना पसंद करते हैं। राजनीतिक दलों में भी लटकनों की तादाद बड़ी तेजी से बढ़ रही है। यह अच्छा संकेत है। विक्रम ने पूछा कि मैं तुम्हारा अनुभव जानने की कोशिश कर रहा था और तुम लगे राजतंत्र और जनतंत्र समझाने? बेताल ने कहा—विषय ही ऐसा है। उसने कहा—महाराज, चुनाव के सिलसिले में कुछ दलों के चक्कर लगाये। कुछ नेताओं के यहाँ भी गया। वहाँ देखा कि कार्यकर्ताओं की दो श्रेणियां बन गयी हैं। एक श्रेणी कार्यकर्ताओं की है और दूसरी लटकनों की। ये लटकन चौबीसों घंटे अपने-अपने नेता का नाम ले लटकते रहते हैं। ऐसा लगता है कि उन्होंने अपने नेताओं को खूंटी पर टांग दिया है। खुद खूंटी से लटकने के बदले वे अपने नेता को पकड़ कर लटक जाते हैं। नेता भी उनकी लटकन कला पर प्रसन्न होते हैं। बीच-बीच में उन्हें पुरस्कृत भी कर दिया जाता है। कई दिलदार किस्म के नेताओं ने ऐसे लटकनों को पटना से दिल्ली तक पहुँचा दिया।

बेताल ने कहा—खुशी इस बात की है कि लटकन विचार सभी दलों में फैल-बढ़ रहा है। ऐसा इसलिए कि ये लटकन अपने नेताओं का टेंशन हरते हैं। नेता लोग रिलैक्स महसूस करते हैं। हाल ही में एक सर्वे रिपोर्ट आयी है। उसमें कहा गया है कि लटकन विचार राजनीतिक दलों की परिधि से निकलकर गली-मोहल्लों और सरकारी-गैर सरकारी कार्यालयों में पसर रहा है। अचानक बेताल भांगड़ा स्टाइल में थिरकने लगा। विक्रम ने पूछा तो कहा—यह झूमने का वक्त है। जै हो लटकन महाराज की। और हाँक लगाते हुए उड़ा और पेड़ पर जाकर लटक गया।

68

वोट पर्व मनाने का सुख

विक्रम सोच में पड़ा है। वह अपने आप से पूछता है-पर्व बड़ा या चुनाव? कभी वह पर्व-त्योहार को बड़ा मानता है और कभी चुनाव को। लेकिन वह किसी नतीजे पर

नहीं पहुँच पा रहा है। वह सवाल का हल तलाशने की कोशिश करता है। पर उसे कोई जवाब नहीं सूझ रहा है। पेड़ पर लटके बेताल ने जब उसकी मनःस्थिति देखी तो पूछ बैठा-कोई उलझन है? विक्रम ने आहिस्ते से कहा—दीपावली में भी नेताओं ने वोट मांगे। मेरा सवाल है कि पर्व-त्योहार का वोट से क्या संबंध?

बेताल अपनी मुद्रा गंभीर बनाता है। सिर खुजलाता है। दाढ़ी पर हाथ फेरता है। वह शुरू होता है-किसकी है जनवरी, किसका अगस्त है। कौन यहाँ सुखी है कौन यहाँ मस्त है? विक्रम टोकता है-यह तो बाबा की लाइनें हैं। उनकी लाइन के साथ मेरे प्रश्न का कोई ओर-छोर नहीं मिल रहा है। बेताल ने समझाने की गरज से कहा—चुनाव और वोट की बात आते ही मेरे सोचने का रेंज थोड़ा बड़ा हो जाता है। हमारे और तुम्हारे लिए पर्व-त्योहार का मतलब क्या है, यह तुम भी समझते हो। अब तो इन पर्व-त्योहारों के मिथकीय संदर्भों पर चर्चा छिड़ी हुई है। लेकिन अपने को उस पचड़े में पड़ने से फायदा नहीं। हम तो कहते हैं कि रोज-रोज की किचकिच में पर्व-त्योहार राहत देते हैं। सब ओर उत्सव का माहौल होता है और सब खुश दिखने की कोशिश करते हैं।

बेताल ने कहा—नेताओं को मालूम है कि पर्व-त्योहर में वोट मांगकर वे सत्ता में आ गये तो हर दिन दीपावली है। इसलिए जब तक सत्ता संघर्ष के परिणाम नहीं आ जाते, तब तक क्या दशहरा और क्या दिवाली। वैसे भी वोट पर्व हर पांच साल पर आता है। हर साल आता तो बात दूसरी होती। पांच साल पर आने वाले उत्सव को पर्व-त्योहार के नाम पर बर्बाद करना उचित नहीं। महाराज इसे आप दूसरे तरीके से भी देख सकते हैं। कह सकते हैं कि नेता अपने धुन के पक्के होते हैं। हर-एक को चुनाव में जीत हासिल करनी है, तो उन्होंने जिद पकड़ ली। उन्हें दूसरों की कोई परवाह नहीं। उन्हें वोट से मतलब है, तो वोट मांग रहे हैं। वैसे भी जनता से मिलने का कोई मौका वे जाया नहीं होने देते। होली खुलकर खेलते हैं और जी भर कर लोगों से मिलते हैं। जनता के बगैर वे नहीं रह सकते। यह सीखने की बात है। विक्रम ने इस पर अपना मुंह बनाया। लगा किसी मीठे चीज की जगह नीम ले लिया हो। बेताल ने कहा—कई देस घूमा। इसी में बिहारी मात खा जाते हैं। आलोचना करने में आगे रहते हैं। किसी से सीखने को कहो, तो नाक चढ़ा लेते हैं। विक्रम ने कहा—एक चीज सीखेंगे, तो दूसरा कैसे छूट जायेगा? सीखने के उपदेश बचपन से ही सुन रहा हूँ। यह सभी सुनते हैं। लेकिन पावर में आते ही बदल जाते हैं। बेताल ने कहा—ठीक है महाराज, आप पावर में आइएगा तो वोट पर्व मत मनाइएगा। यह सुझाव दे बेताल उड़ा और पेड़ से जाकर लटक गया।

69

उदास लक्ष्मी पूछे सवाल

लक्ष्मी उदास हैं। खामोश भी। बोलें तो क्या और किससे? बेताल ने पूरे दिन गांव-शहर के चक्कर काटे। जहाँ गया, एक ही नजारा। लक्ष्मी को उदास देखा। लोग उन्हें मनाने की कोशिश कर रहे हैं। पूजा-पाठ कर रहे हैं। लेकिन लक्ष्मी की उदासी दूर नहीं हो रही है। बेताल सोचता है कि आखिर लक्ष्मी उदास क्यों है। विक्रम सोचता है कि लक्ष्मी मान क्यों नहीं जा रही हैं। दोनों के सवाल एक थे। दोनों इसका हल तलाशना चाहते हैं।

बेताल ने सुझाया कि चुनाव बाद इस सवाल पर सोचा जायेगा। अभी पांचवें फेज का चुनाव देख लिया जाये। 24 तारीख के बाद तो हमारे पास टाइम ही टाइम होगा। वैसे भी लक्ष्मी उदास रहें या खुश, उससे हमें क्या लेना-देना। विक्रम को यह सुझाव मानने में कोई हिचक नहीं हुई। उसने कहा कि बात ठीक ही कह रहे हो। लेकिन कई दिनों से एक सवाल दिमाग से निकल नहीं रहा है। सच कहो तो चुनाव के फर्स्ट फेज से ही यह सवाल दिमाग से चस्पां हो गया है। बेताल ने कहा—भूमिका ही बाँधेंगे या सवाल भी रखेंगे? विक्रम ने कहा—चुनाव में नेताओं ने अपने बेटों को ही मैदान में उतारा। बेटियों को क्यों नहीं?

बेताल ने कहा—बात सौ फीसदी सही है। इसके बारे में तो हमने सोचा भी नहीं था। उसने कहा—मुझे लगता है कि बेटियों को देखने का वही पुराना नजरिया अब भी कायम है। जो समाज और देश बदलने की बात करते हैं, वे भी बेटियों को घर की चहारदीवारी से बाहर नहीं निकलने देना चाहते। ऐसे लोगों को लगता है कि बेटा आग देकर स्वर्ग पहुँचायेगा और चुनाव जीतकर नाम रोशन करेगा। ये दोनों काम बेटियां नहीं कर सकतीं। बड़े दायरे में देखें तो सभी राजनीतिक दलों ने महिलाओं को टिकट देने में भारी कंजूसी दिखायी। बात तो महिला स्वतंत्रता और समानता की खूब होती है, मगर सभी एक जैसे हैं।

विक्रम ने इस बार सवाल नहीं किया। मन की बात कही। निर्जीव सिक्कों पर लक्ष्मी की तस्वीर डालकर उन्हें खुश करने की कोशिश करते हैं। और सजीव दुनिया में उनके साथ दोयम दर्जे का व्यवहार करते हैं। इसीलिए तो लक्ष्मी और बेटि़यां दोनों उदास हैं। लक्ष्मी की पूजा करते हैं और बाति दिखाने के वास्ते बेटों को खोजते हैं। लक्ष्मी को वे जबरिया कैद कर लेते हैं। बेताल ने कहा—महाराज आपकी बात सुनकर ऐसा लग रहा है कि अब आप बच्चे नहीं रहे। विक्रम टोकता

है-लक्ष्मी कैसे खुश होंगी? बेताल कहता है- निर्जीव सिक्के से बाहर निकलेंगी, तो दूर होगी उनकी उदासी। बेटियां कैद से बाहर होंगी तो खुश होंगी लक्ष्मी। क्या आप ऐसा करेंगे महाराज? यह सवाल पूछकर उड़ गया बेताल।

70

जेब में लेकर घूम रहे नब्ज

कंधे पर बैठते ही बेताल ने अपनी जेब पकड़ ली। उसके भाव ऐसे थे गोया जेब न पकड़े तो कोई चीज गिर जायेगी। वह विक्रम से बात करते हुए बार-बार जेब पर हाथ फेर लेता। इसके बाद चेहरे पर इत्मीनान के भाव। चार कदम आगे बढ़ते ही फिर वही प्रक्रिया। जब विक्रम से रहा नहीं गया, तो पूछ ही लिया-कोई कीमती पदार्थ है? जिसके खोने का डर सता रहा है।

बेताल ने कहा—समझो, बात ही ऐसी है। कान इधर लाओ। मेरी जेब में नब्ज है। विक्रम चकित हुआ। बोल पड़ा-नब्ज? इसे देखकर तो लोग बीमारी का पता करते हैं। नब्ज-नाड़ी तो शरीर के साथ चलने वाली कोशिकाएँ हैं। उसे भला जेब में लिये कैसे घूम रहे हो? विक्रम को लगा कि बेताल ने जादू-टोना भी सीख लिया है। वह हंसा। कहने लगा-काम की बात करो। इन फालतू चीजों में तुम कब से पड़ने लगे। बेताल ने कहा—महाराज, मेरी ऐसी जुर्रत कहाँ कि आपसे मजाक करूं। बात सही है कि मेरी जेब में नब्ज है। लेकिन मुश्किल यह है कि मुझे कोई नब्ज की धड़कनों को समझने वाला नहीं मिल रहा है। आपको इसलिए समझा नहीं सकता कि इसकी सच्चाई मुझे पता है। मेरी निष्ठा तो आपके साथ रहेगी। अलबत्ता निष्ठा बदलने के बारे में सोचा होता तो नब्ज के अर्थ अब तक समझा चुका होता।

बेताल की इतनी बात सुनने के बाद विक्रम को लगा कि बात में कुछ दम है। उसने पूछा-तो इसके बारे में बता ही दो। बेताल ने बताया-महाराज, बिहार विधानसभा चुनाव के चार चरण पूरे हो गये। पांचवां आज पूरा होगा। सियासी दलों के छोटे से लेकर बड़े नेता सीटों का हिसाब-किताब मिला रहे हैं। हर पल गुणा-भाग में लगे हैं। जोड़-घटाव में रातें कट रही हैं। बड़े नेताओं के आसपास मंडराने का मौका तलाशने वालों ने रास्ता निकाल लिया। महाराज, सच कह रहा हूँ। एक बड़े नेता बंगले के विशाल पेड़ पर लटका था। वहाँ एक नेता जी पधारे। कुर्ते की दोनों जेब पकड़े हुए। बड़े नेता ने अचकचा कर पूछा-का पकड़े हैं? नेता जी ने कहा—सर इसमें नब्ज है। चुनाव का नब्ज। इतना सुनते ही बड़े नेता ने आत्मीय भाव दिखाया। कंधे

पर हाथ फेरते अंदर कमरे में ले गये। नब्ज वाले नेता जी ने बताया-डेढ़ सौ के आसपास सीटें मिल रही हैं, सर। सभी जिलों से फीडबैक लेकर आपको बता रहा हूँ।

बेताल ने बताया-नब्ज वाले नेता जी कमरे से नहीं निकल रहे थे, तो मन बहलाने के लिए एक दूसरे सियासी दल के नेता के बंगले पर चला गया। वहाँ भी एक नब्ज वाले नेता जी पधारे हुए थे। उन्होंने कहा—सर, अब तो ताजपोशी की तैयारी करनी चाहिए। सभी जिलों में हमारी बढ़त है। सीट के बारे में तो कह नहीं सकता, पर हम कंफर्ट जोन में आ गये हैं। अभी एक फेज बाकी ही है सर। नेता खुश हुए। उन्होंने चाय की प्याली मंगवायी। तब तक एक सज्जन आये। उन्होंने कहा—सर, छठे चरण के चुनाव प्रचार में निकलना है। नेता जी प्रचार पर निकल जाते हैं।

बेताल भी ठिकाना बदल लेता है।

71

सूंघना क्रिया नहीं, कला का नाम

विक्रम समझ नहीं पा रहा था कि ये लोग कर क्या रहे हैं। यह ठीक-ठीक पता नहीं चल पा रहा था कि वे क्या कर रहे हैं। लेकिन उन्हें देखने से ऐसा लग रहा था कि वे कोई क्रिया कर रहे हैं। क्रिया कार्य के बारे में विक्रम ने अपना दिमाग लगाने के बदले कंधे पर बैठे बेताल से ही पूछ लिया। बेताल ने बताया- इस क्रिया को सूंघना कहते हैं। सूंघना क्रिया से अधिक कला है। और कला तो खुदा की नेमत होती है। यानी ईश्वरीय देन पाने वाला ही सूंघने की कला में नाम कमा सकता है। यही वजह है कि सूंघने की क्रिया भले सभी करते हों, पर इस कला में सभी कामयाब नहीं हो पाते।

बेताल ने बताया- विधानसभा चुनाव ज्यों-ज्यों अपने समापन की ओर बढ़ रहा है, सूंघने की क्रिया तेज होती जा रही है। कई लोग पार्टियों की ओर से जारी उम्मीदवारों की लिस्ट सूंघ रहे हैं। बहुत सारे लोगों ने अपनी सूंघन नली को जिलों तक पहुँचा दिया है। वे उम्मीदवारों की जीत-हार का पता लगा रहे हैं। ऐसा लगता है कि रणक्षेत्र में उतरे उन महारथियों से ज्यादा चिंता सूंघने वालों को हो रही है। विक्रम ने जानना चाहा कि यह क्रिया क्यों हो रही है? वे इससे क्या पता करना चाहते हैं?

बेताल ने जवाब दिया-चुनाव जीतने की संभावना वाले उम्मीदवारों की पूंछ, उसकी लंबाई, रंग आदि का मिलान किया जा रहा है। वे अपनी-अपनी पूंछ और

जीतने वाले संभावित उम्मीदवारों की पूंछ के बीच समानताएँ तलाश रहे हैं। इसके अनेक फायदे हैं। वैसे भी होम वर्क का फायदा तो होता ही है। कोई सुरक्षा में तैनात होने के लिए सूंघने की क्रिया कर रहा है तो कोई प्राईवेट सेक्रेटरी बनने के लिए। चुनाव जीतकर आनेवाले भी पूंछ का मिलान करने से नहीं हिचकते। पुलिस विभाग के एक अफसर से हुई बातचीत का बेताल ने हवाला दिया। बताया कि नेता अपनी सेक्यूरिटी के लिए बाजाप्ता नाम सहित सुरक्षाकर्मियों की मांग करते हैं। उनके निजी और आप्त सचिव की पूंछ देखना भी दिलचस्प होता है। अधिकांश मामलों में देखा जाता है कि उन दोनों की पूंछ में अप्रत्याशित समानताएँ हैं। इस प्रकार नेता, सुरक्षाकर्मी और आप्त सचिव-निजी सचिव की पूंछ मिलकर हनुमान जी की पूंछ बन जाती है। माना जाता है कि ये पूंछ जाति-धर्म से ऊपर की चीज होती है। या ऐसा कह सकते हैं कि जाति-धर्म को ये पूंछ ऊपर से ऐसे बाँध लेती है कि वह दिखायी नहीं दे। लोगों को यह भ्रम होता रहे कि जाति-धर्म बीते जमाने की बात हो गयी।

ऐसा एहसास हुआ कि विक्रम को उकताहट हो रही है। उसने कहा कि पहेली बुझाकर टाइम क्यों नष्ट कर रहे हो? साफ-साफ बोलो। बेताल ने कहा—महाराज, हमारा समाज प्रोग्रेस कर रहा है। पुराने तरीके और उसके अनुसार व्यवहृत होने वाले शब्दों का प्रयोग ठीक नहीं होगा। अब ऐसा करना मनुष्यता की मर्यादा के विरूद्ध माना जाता है। विक्रम अब भी नहीं समझ सका। बेताल ने कहा—महाराज, रिजल्ट आने दीजिए, सब साफ हो जायेगा।

72

नया गेम-नंबर वाक

नंबर वाक पहली बार देखने को मिला। अब तक बेताल मॉर्निंग वाक और नंबर गेम के बारे में जान गया था। पर नंबर वाक का किस्सा उसकी भी समझ से बाहर जा रहा था। विक्रम ने अनुरोध किया कि क्यों न नंबर गेम को सूत्रबद्ध करे और उसका ऐसा रूप दे कि नंबर वाक दूसरे गेम की तरह लोगों की जिंदगी में उतर जाये। बेताल को विक्रम की सलाह बुरी नहीं लगी। बेताल के सामने इतिहास में अपना नाम दर्ज कराने का अवसर दिखायी दे रहा था। वैसे भी किस्से-कहानियों का न वह दौर रहा और न वैसे श्रोता। नंबर गेम का आइडिया जम गया तो क्या पता कभी केबीसी में पूछ लिया जाये-नंबर गेम के जनक कौन थे। आपके ऑप्शन हैं ये...

विक्रम ने टोका-कुछ बोलोगे या मुंह बाये रहोगे? मगर इससे जरूरी यह पता

करना था कि नंबर वाक का उद्गम कहाँ से है? बेताल ने बताया-महाराज, क्या बताऊं नेताओं के दरबार में नंबर का खूब खेल चल रहा है। अलग-अलग दरबार, अलग-अलग दरबारी। पर नंबर गेम का तरीका एक सा। उनके अंदाज-ए-बयां भी एक जैसे। हर सुबह ये नजारा देख बोर हो गया हूँ। सुबह हुई नहीं कि दरबारी नंबर गेम के साथ हाजिर। बात 183 से शुरू होती। पहले, दूसरे, तीसरे, चौथे और पांचवें चरण के सीट गिनाये जाते। दूसरा दरबारी कहता-इससे अधिक ही आयेगा सर। कम का तो सवाल ही नहीं उठता। तीसरा कहता-सर, पौने दो सौ तो पक्का है। हमने पूरा हिसाब मिलाया है। इससे एक सीट भी कम नहीं होगी। फिर इन नंबरों पर चर्चा होती। कोई इसमें ऐड करता तो कोई माइनस। पर सभी इस बात पर सहमत थे कि थम्पिंग मेजरिटी तो आयेगी। अभी लास्ट फेज बाकी ही है।

बेताल के लिए यहाँ तक तो ठीक था। उसका माथा तब घूम गया जब उसने देखा कि एक दूसरे दरबार में भी इसी पैटर्न पर नंबर गेम खेला जा रहा है। वहाँ भी दातून करते कुछ दरबारी पहुँच जाते। नंबरों की गठरी खोल दी जाती। दरबार में हाजिरी लगाने आया एक दरबारी कहता है- कम से कम 140 मानिए सर। इससे तो कम नहीं। अधिक ही होगा। दूसरा कहता- 140 क्यों? मेरा अनुमान है कि हम डेढ़ सौ से अधिक ही पायेंगे। तीसरा कहता-सर, आप मसीहा हैं। जनता को आप पर ही भरोसा है। इसी भरोसे ने पारंपरिक सोच को ध्वस्त कर दिया। लोग कास्ट भूल गये। उन्हें आपका बेस्ट याद रहा।

यह देखने के बाद बेताल को तीसरे या चौथे दरबार में जाने की हिम्मत नहीं हुई। वह समझ गया कि वहाँ भी नंबरों के चाक ऐसे ही दौड़ाये जा रहे होंगे। सभी नंबरों को एक साथ जोड़ दिया जाये तो वे एकाध हजार के आसपास पहुँच जायेंगे। जबकि विधानसभा की सदस्य संख्या 243 है। विक्रम ने कहा—इसमें परेशान होने की क्या बात है। आखिर है तो नंबर वाक ही? बेताल की आँखें चमक गयीं। वह नंबर वाक -नंबर वाक कहता हुआ उड़ा और दरबारियों से दूर एक पेड़ पर जाकर लटक गया।

73

अपने-अपने आराध्य देव

बेताल डाल से लटक नहीं पा रहा था। लटकने की जगह वह डाल पर बैठने की कोशिश करता। लेकिन उसे बैठने में भी कठिनाई हो रही थी। न लटकना न बैठना।

अजीब स्थिति थी। लेकिन उसे पेड़ के पास ही रहना था इसलिए उसने तने को बांहों से पकड़ लिया। विक्रम ने जब यह नजारा देखा, तो समझ नहीं पाया कि हुआ क्या है। वह नजदीक गया। आवाज दी। पर बेताल कूद कर कंधे पर बैठने की पोजीशन में नहीं था। उसने विक्रम को देखा तो हवा में लहराया और कंधे पर आकर बैठ गया। बैठने के साथ ही उसने राहत की सांस ली।

विक्रम ने बात शुरू की। पूछा-ब्रेक मिला तो कहाँ-कहाँ गये? क्या किया? बेताल कराह पड़ा। उसने बताया कि केहुँनी और ठेहुँने में चोट लग गयी है। पांव मोड़ने में तकलीफ है। हाथ भी नहीं उठ रहा है। हल्दी और चूना छापा है। लेकिन दर्द अब भी है। पेड़ से लटक नहीं पाया। समझो रात भर खड़े-खड़े ही सोना पड़ा। आँख लगी नहीं। विक्रम ने हैरानी के साथ पूछा-यह सब हुआ कैसे? बेताल ने कहा—अब क्या बताऊं महाराज। लोक आस्था के पावन पर्व पर घाट जाने के बदले कुछ नेताओं के यहाँ चला गया था। सोचा चलो यहाँ उतनी भीड़-भाड़ नहीं है। मैं भी छठी मइया की आराधना कर लूंगा। विक्रम ने कहा—ओ, अब समझा कि अर्घ्य देने के दौरान पानी में फिसल गये और पैर फोड़वा लिये? बेताल ने कहा—ऐसा होता तो अपने को धन्य मान लेता। मइया का इसे ही आशीर्वाद समझ स्वीकार कर लेता। विक्रम चौंका। पूछा-तो क्या हुआ?

बेताल ने कहा—अब क्या बताऊं महाराज। छठ पर नेता जी के बंगले पर कई लोग जुटे थे, लेकिन पूजा से अधिक दिचलस्पी नेता जी को अपना चेहरा दिखाने की थी। अधिकांश इसी फिराक में थे कि नेता जी किसी तरह उनका मुखड़ा देख लें। कुछ बात कर लें, तो तर जायेंगे। इसी मनोदशा को लेकर पहुँचे लोगों की भीड़ में मैं खड़ा था। मैं नादान, मेरी समझ नादान। किसी मुंह दिखानेवाले ने मेरी उम्र का ख्याल नहीं रखा। पीछे से धक्का देकर आगे बढ़ने की कोशिश की और मैं गिर गया। इससे मेरा ठेहुँना फूट गया। वह आदमी आगे निकल गया। एक पुराने परिचित मिल गये। उन्होंने उठाया। वहाँ से मैं उड़ा और एक दूसरे नेता के आवास पर चला गया। वहाँ भी छठ मइया के गीत गाये जा रहे थे। वहाँ भी श्रद्धालुओं की श्रद्धा कहीं दूसरी जगह थी। अपनी उपासना से वे अपने नेता जी को खुश करने के जुगाड़ में थे। मैं उत्साह में किसी उपासक के आगे खड़ा था। इस गलती की सजा भुगत रहा हूँ। उसने अपनी केहुँनी दिखाते हुए कहा—उपासक ने लतार मार दिया। मेरा संतुलन बिगड़ा और केहुँनी के बल धड़ाम से गिरा। हाथ-पांव चोटिल हो गये। किसी तरह वहाँ निकला। दूसरे अर्घ्य के दिन मैं सीधा घाट चला गया। कम से कम वहाँ चेहरा दिखाने की आपाधापी नहीं थी। सभी भगवान भास्कर को नमन कर रहे थे।

74

भोज का आसरा हो तो भोज दो

सोच रहा हूँ कि मैं भी भोज दे ही दूं। बेताल ने जब यह बात कही तो विक्रम हैरत में पड़ गया। उसने पूछा कि कौन सी ऐसी बात हो गयी जो भोज देने लगे। क्या भाभी को घर लाने वाले हो? भाभी का जिक्र आया तो बेताल के दांत दिखने लगे। बेताल ने कहा—महाराज, हंसी की बात नहीं है। मैं सीरियस होकर भोज देने के बारे में सोच रहा हूँ। विक्रम ने कहा कि भोज देना बुरी बात नहीं है। पर लोगों को यह पता होना चाहिए कि भोज की वजह क्या है। बेताल ने कहा कि लोगों को भोज से मतलब है या भजन से?

यह अब भी पहेली बनी हुई थी कि बेताल भोज देना क्यों चाहता है? तय हुआ था कि चुनाव वगैरह से निपट जायेंगे तो एकाध सप्ताह भोज व पार्टी का दौर चलेगा। पर अभी एक फेज का इलेक्शन बाकी है। रिजल्ट बक्से में है। बीच मझधार में भोज? यह तैर कर उस घाट लगने की खुशी में या डूबने की? ऐसे ही कई बिंदुओं पर विक्रम ने दिमाग लड़ाने की कोशिश की। मगर भोज का कोई सूत्र पकड़ में नहीं आ रहा था। उसने इस बार पूछने के बदले धमकी दी-तुम दो भोज। मैं उसमें नहीं आऊंगा। विक्रम के इस लहजे के बाद बेताल के तेवर थोड़े ढीले पड़े। उसने कहा—महाराज मैं तो यूं ही मजाक कर रहा था। मेरी औकात कहाँ कि भोज दूं। अलबत्ता एक भोज में जरूर गया था। पता चला कि एक नेता जी ने भोज दिया है। उनका मन बोल रहा है कि उनका गठबंधन चुनाव में अच्छा प्रदर्शन करेगा। पिछले चुनाव के रिकार्ड तोड़ेगा। बस मन में यह ख्याल आया और उन्होंने भोज दे दिया। वह भोज में सम्मिलित लोगों को यकीन दिला रहे थे कि सरकार अपनी ही बनेगी।

विक्रम ने कहा—यह भोज देने का अद्भुत बहाना रहा। इसका नाम आत्मविश्वास भोज होना चाहिए। भोज का नामकरण करने की खुशी में भोज। बेताल ने कहा—महाराज, आप भोज के कारण के पीछे क्यों पड़े हुए हैं। उसके हेतु और उद्धेश्य पर ध्यान दीजिए। विक्रम को लगा बात ठीक है। किसी का मन कर रहा है कि वह भोज दे तो किसी दूसरे का क्या जाता है। बेताल ने जरूर यह कहा कि यह आत्मविश्वास दूसरे खेमे में भी कायम है। उधर भी चुनाव जीतने का यकीन सिर चढ़कर बोल रहा है। ऐसे में मेरा आत्मविश्वास डोल रहा है। जनता ने दोनों खेमों को आत्मविश्वास से भर दिया है। दोनो तरफ दावे किये जा रहे हैं कि हम सरकार बनायेंगे। विक्रम ने पूछा-तो तुम ही बता दो सरकार किसकी बन रही है?

बेताल ने कहा—महाराज, 24 तारीख को शानदार पार्टी रखो, उस दिन बता दूंगा कि सरकार किसकी बन रही है। खिसियाये भाव से विक्रम ने बेताल को देखा तो वह हंसते हुए उड़ा और एक पेड़ पर लटक गया।

75

समझ, समझदारी और समझदार

छठे फेज में जाकर समझदारी खुली। हाथ मलते हुए बेताल ने विक्रम से कहा। लेकिन अब कुछ हो भी नहीं सकता। चेहरे पर अफसोस के भाव तारी थे। विक्रम ने दिलासा दिलाया- तरलता बनाये रखो। जितनी तरलता रहेगी, समझादारी उतनी ही कारगर होगी। और समझदारी तो हर वक्त काम आने वाली चीज है। चुनाव तो पांच साल पर आते-जाते हैं। खुदा ने चाहा तो समझदारी का इस्तेमाल कर हम भी आदमी बन जायेंगे।

विक्रम ने पूछा-अचानक समझदारी का ज्ञान कहाँ से आ गया? बेताल ने बताया- चुनाव में इधर-उधर लोगों को देखा। नेताओं से भेंट हुई। उनके पांच सितारा होटलों में गया। हेलीकॉप्टर की सवारी की। तरह-तरह की श्रेणियों के लोगों को देखा। कोई चाप संस्कृति में डूबा हुआ तो कोई अपने नेताओं की भक्ति में लीन। इन दोनों श्रेणियों के लोगों का लक्ष्य बहुँत लंबा नहीं है। उनकी चाहत है कि सरकार बने तो गाड़ी-घोड़ा का इंतजाम हो जाये। वे नेताओं की भक्ति में गर्व का अनुभव कर रहे होते हैं। नेताओं के आसपास मड़राने वालों में एक तीसरी श्रेणी भी दिखी। यह श्रेणी है समझदार लोगों की।

समझदार लोग? विक्रम ने पूछा। बेताल ने कहा कहा—ये समझदार लोग बहुत समझदार होते हैं। मसलन, वे हंड्रेड परसेंट चाप कार्य करेंगे, पर सामने वालों को इसका इलहाम नहीं होने देंगे। राजनीति में ऐसे समझदार लोगों को देख खुद पर तरस आया। काश, हम भी थोड़ी समझदारी समझ पाते। चुनाव में एक पार्टी के समझदार ने लाखों में पैसा लिया। लेकिन खर्च किया कुछ हजार। उसने कहा—पैसा खर्च करने में कोई समझदारी नहीं। चुनाव कोई जीते-हारे, यह प्रभु की इच्छा। पर नोटों के बंडल का नहीं खरचना तो अपनी इच्छा पर निर्भर करता है।

उसने कहा—एक समझदार क्रांतिकारी है। काफी पहले वह वामपंथियों के प्रभाव में था। बाद में मध्यमार्गियों के असर में आने से वह समझदार हो गया। उसने समझदारी से काम लिया। उसने वाम की क्रांति को किनारे नहीं लगाया। उसे अपने

साथ जोड़े रखा। इससे भ्रमजाल फैलाने में मदद मिली। कभी-कभी वह पोज देगा कि सरकार वही चला रहा है, इससे सामने वाला उसकी सजदा में लग जाता है। विक्रम ने पूछा कि इस श्रेणी के लोग सिर्फ राजनीति में ही मिलते हैं? बेताल ने कहा—महाराज, यह ग्लोबल जमाना है। हर जगह ये मिलते हैं। समझदारों की समझदारी से तो आप भी पीड़ित रहे हैं। आप भूल गये। एक समझदार ने आपको ऐसा समझाया कि कई दिनों तक आपको नींद ही नहीं आ रही थी। हकीम साहब की दवा के बाद आप ठीक हुए थे। फिर तुम समझदार क्यों बनना चाहते हो? बेताल ने कहा—महाराज जब कभी मन दुखी होता है तो समझदार बनने की इच्छा जोर मारने लगती है। पर दूसरे पल लगता है कि आदमी बने रहने में ही समझदारी है। यह बात कह बेताल उड़ गया।

76

सोच ऐसी है कि सोचना जरूरी है

विक्रम ने पूछा कि कहानी सुनाने में दिल नहीं लग रहा है। क्या बात है? बेताल ने कहा—महाराज आप भी किस दुनिया में रह रहे हैं। पिटारा अब खुलने ही वाला है। कई कहानियां निकलेंगी। कविताएँ होंगी। शेर-ओ-शायरी की हवा होगी। विक्रम ने कहा—तुम्हारी आदत बिगड़ गयी है। साफ बोलते नहीं। पहेली बुझाने लगते हो।

बेताल ने कहा—महाराज, इसमें मेरी क्या खता। पहले का दौर नहीं रहा कि राजा-रानी की कहानियां होती थीं। अब तो नया जमाना आ गया। पुराने मिथक टूट रहे हैं। नये गढ़ बन रहे हैं। विक्रम ने फिर टोका-यह तो ठीक है। पर तुम्हारी कोई बात पल्ले नहीं पड़ रही है। बेताल ने कहा—पूरी बात समझने की जरूरत नहीं। अब सुनते जाईए। तो सुनिए...चुनाव का शोर खत्म हो गया। नेताओं के भाषण बंद हो गये। लेकिन दिमाग वाले सज्जनों की थीसिस शुरू हो गयी है। इन सज्जनों को बुद्धिजीवी कहा जाता है। विक्रम ने कहा—ओ, आज बुद्धिजीवी कहानी के केंद्र में होंगे। बेताल ने कहा—बिल्कूल नहीं। केंद्र में तो चुनाव ही रहेगा। हम तो यह बताने जा रहे हैं कि बाजार में किस-किस तरह की थ्योरी घूम रही है। उसने कहा—राज्य में छह चरण के चुनाव खत्म होने के बाद एग्जिट पोल बाजार में आये। पोल से तरह-तरह के नतीजे निकले। फिर क्या था, बुद्धिजीवी लोग शुरू हो गये।

एक बुद्धिजीवी ने अपनी मुद्रा गंभीर की। कहा—समाज में बदलाव आया है। लोग दूसरे तरीके से सोच रहे हैं। वे सोच रहे हैं कि ऐसा ही सोचा जाना चाहिए। ऐसी सोच ही उन्हें पीछे से आगे ले जायेगी। इसलिए इस सोच को कायम रखना

है। यह सोच ऐसी चीज है जो आदमी को, समाज को कहाँ से कहाँ लेकर चली जाती है। आजादी की आजादी में लोगों ने सोचा कि हमें अंग्रेजो की गुलमाी उखाड़ फेंकनी है। धीर-धीरे समूचा हिन्दुस्तान इसी लाइन पर सोचने लगा। सोच बदली तो राज बदला। अंग्रेज गये और शासन हिन्दुस्तानियों के हाथ में आया। वहाँ बैठे एक दूसरे बुद्धिजीवी ने अपनी दाढ़ी खुजलायी। चेहरे का भाव बदला। शब्दों को चबाते हुए कहा—देखिए, यह सिर्फ सोच से नहीं होता है। जरूरी यह है कि लोगों को ऐसा सोचने की जरूरत ही क्यों पड़ी। लिहाजा, हमें उस स्थिति पर गौर करना होगा जो आदमी को सोचने पर मजबूर करती है। तो आप अपने आसपास देखिये। चुनाव का मेनीफेस्टो रटिये। नेताओं के भाषण गुनिये। आप पायेंगे कि आपके अंदर एक प्रक्रिया शुरू हुई। यह प्रक्रिया महत्वपूर्ण है। यह सोच की प्रक्रिया है।

विक्रम ने कहा—इतनी देर से इनकी बात सुन रहा हूँ। पर सब दिमाग से ऊपर बह जा रहा है। पानी की तरह। बेताल ने कहा—महाराज यह बुद्धिजीवियों की बात है। इतनी आसान नहीं होती इनकी बातें। थोड़ा धैर्य रखिये। कुछ न कुछ तो हाथ लगेगा ही। वहाँ बैठे एक दूसरे बुद्धिजीवी ने कहा—एग्जिट पोल के बहाने हम बिहार की सामाजिक, आर्थिक और सांस्कृतिक पृष्ठभूमि पर चर्चा करेंगे। पहली बात तो यह कि तरह-तरह के सर्वे हैं। हर के रंग अलग-अलग। इसके आधार पर बात करेंगे तो हम वास्तविक नतीजे पर शायद न पहुँच पायें। उनकी बात चलती रही। बेताल वहाँ से निकल गया। वह भारी कंफ्यूजन में था। पिछली दो रातें उसने आँखों में ही काट ली। कई नेताओं के छत से देखा। वहाँ भी इत्मीनान के भाव कम थे। विक्रम ने कहा—जब नतीजों पर ही बात होनी है तो हम 24 तक इंतजार क्यों नहीं कर लेते? बेताल ने कहा—महाराज, यह बात हमारे मगज में पहले क्यों नहीं आयी? यह कह वह आराम करने के लिए उड़ गया।

77

पुड़िए में है बड़ा दम

कभी टन...टन... झन...झन। कभी झिनझिन। कभी पीं-कभी पों। विक्रम के हर कदम पर कुछ इसी तरह की आवाज निकल रही थी। इससे परेशानी विक्रम को भी हो रही थी। दरअसल, विक्रम के कंधे पर बेताल था और बेताल के माथे पर मोटरी। मोटरी से ही आवाज आ रही थी। पर यह साफ नहीं हो रहा था कि आवाज किस चीज से आ रही है। कोई वाद्य यंत्र है या टीन का कबाड़? विक्रम ने अपनी परेशानी

दूर करने के वास्ते पूछ लिया कि यह आवाज कैसी है?

बेताल ने बताया-महाराज इस मोटरी में तरह-तरह के वाद्य यंत्र हैं। हारमोनियम है। तबला है। झाल है। बांसुरी है। घुंघरू भी है। इन वाद्ययंत्रों की फेहरिस्त सुन कोई भी हैरान हो सकता है। हैरानी विक्रम को भी हो रही थी। आखिर इन चीजों की अभी क्या जरूरत? कोई गीत या नाटक मंडली तो चलानी नहीं है? इस उम्र में क्या बेताल को संगीतज्ञ बनना है? विक्रम के हर कदम पर एक सवाल मन में उठता। सच तो यह था कि वाद्य यंत्रों की हर आवाज एक सवाल को जन्म देती थी। पर बेताल इन सवालों का जवाब नहीं दे रहा था। कुछ कदम निकलने के बाद ही विक्रम एक पेड़ के छांव के नीचे रूक गया। कहने लगा कि जब तक जवाब नहीं दोगे, आगे नहीं चलूंगा।

बेताल ने कहा—महाराज, आप इधर बेहद तुनकमिजाज हो गये हैं। आपको समझना चाहिए कि इन दिनों चुनाव चल रहा है। अब तो आखिरी चरण में है सबकुछ। छठे फेज के बाद हमारे पास कोई काम तो रहेगा नहीं? इसका क्या मतलब है कि हमलोग अब नाच-गान करेंगे? बेताल ने कहा—नहीं महाराज, कभी तो सीधा समझा करो। उसने कहा—चुनाव में कब कौन क्या मांग बैठे कोनो ठिकाना नहीं है। अब देखो न एक नेता जी घुंघरू मांगने लगे। दूसरे हम जैसे वोटरों से कह रहे हैं कि उनका घुंघरू दे दीजिए। अब तो उनकी सलाह पर कुछ खरीद कर रखना ही होगा। ई वोटर आई कार्ड भी देखो महाराज। इसे भी साथ लेकर घूमना पड़ता है। नेता लोग कहीं भी वोट मांगने लगता है। लगे हाथो बेताल ने जेब से कई प्रकार की पुड़िया निकाली। बिहार में पुड़िया का अर्थ दूसरा होता है। विक्रम ने कहा—अब इस पर उतर गये। तुम गांजा के फेर में कब से पड़ गये? बेताल ने कहा—महाराज अभी न कहा था कि आप सीधा भी सोचिए। इन पुड़ियों में सबके नुस्खे हैं। बिहार की तरक्की के नुस्खे। इनका नुस्खा, उनका नुस्खा। और उनका भी है।

सभी पुड़ियों को खोल कर बेताल वहीं बैठ जाता है और हारमोनियम बजाने लगता है। वहाँ ताली बजाने वाले भी जुट जाते हैं।

78

छूट रहे संदेश-छोड़ रहे संदेश

मैं संदेश देना चाहता हूँ। संदेश लोगों को सुनाना चाहता हूँ। संदेश लोग सुनना पसंद करते हैं। संदेश में होते हैं कई संदेश। चाल के अपने संदेश। नजरों के संदेश भी

होते हैं। शरीर के संदेश तो जगजाहिर हैं।

विक्रम के कंधे पर सवार होते ही बेताल ने संदेश देने की इच्छा प्रकट की। विक्रम ने उसे रोका। कहा—बिना वजह संदेश देने से क्या फायदा? चुप रहो। बोलोगे तो तुम्हारी मूर्खताएँ सामने होंगी। ऐसे में संदेश का कबाड़ा तय जानो। जो नाम है बेताल का, उसकी पोल खुल जायेगी। लेकिन बेताल ने कहा कि संदेश देने का पुण्य मैं भी कमाना चाहता हूँ। अगले चुनाव तक पता नहीं मेरी सांस रहेगी या नहीं। चुनाव पर्व में इस पुण्य कर्म से वंचित न करो महाराज। और जैसे ही चुनाव का जिक्र आया, संदेश का ख्याल हिलोरें मारने लगा। उसने कहा—दरअसल, कई चुनावी सभाओं को सुना। सभी नेता कह रहे हैं कि इस चुनाव का संदेश पूरे भारत को प्रभावित करेगा। इसमें भारी संदेश छुपे हुए हैं। नये रास्ते के संदेश हैं इसमें। यह भले हममें दिखायी न दे, पर संदेश को सुनो-महसूस करो। पिछले चुनाव में भी ऐसा ही कहा गया था। उसके पहले वाले चुनाव में भी और उसके पहले वाले चुनाव में भी। वह संदेश क्या था, यह पता नहीं चल पा रहा है।

बेताल ने कहा—मेरे अंतःपुर से आवाज आती है। एक कदम चलता हूँ तो मन कहता है, बेताल देखो, संदेश छोड़ रहे हो। तुमको पता चला? बाएँ जाता हूँ तो संदेश निकलता है। दाएँ जाने पर भी संदेश सुनायी देता है। आगे-पीछे, ऊपर-नीचे-सब तरफ संदेश ही संदेश। लेकिन संदेश होता कैसा है? विक्रम के इस सवाल पर बेताल ने जुबान नहीं खोली। वह एकटक उसे देखता रहा। कुछ देर बाद बोला—महाराज, यह मैं समझ पाता, तो बता न देता? इसे मैं भी समझने की कोशिश कर रहा हूँ। पर संदेश मेरे पल्ले नहीं पड़ रहा है। मुझे यकीन है कि लोग समझ रहे होंगे।

विक्रम ने पूछा- ऐसा कैसे संभव है। जो संदेश तुम्हारे पल्ले न पड़े, वह लोगों के मगज में कैसे घुसेगा? बेताल ने कहा—यही तो चक्कर है। यह सवाल तो नेताओं से पूछा जाना चाहिए कि वह जो संदेश छोड़ रहे हैं, उसके मायने क्या हैं। यही सवाल एक नेता से किया तो उन्होंने कहा कि संदेश न भी छोडूं, तो वह अपने आप छूट जाता है। मुझे नहीं पता कि यह लोगों की समझ में आता है या नहीं? उस नेता जी ने भी सुन रखा था कि हर चीज के पीछे संदेश छुपा होता है। तभी से वह हर चीज से संदेश निकलने की बात कहते रहे हैं। इतने में बेताल के पेट से आवाज सुनायी दी। विक्रम ने पूछा तो बेलात उड़ने लगा। कहा—महाराज संदेश छोड़ने जा रहा हूँ।

79

घटाव - जोड़ = गिनती

एक सीट... दो सीट... तीन सीट... न न दो सीट... चार... पांच... नहीं फिर से काउंट करते हैं। एक सीट... दो... तीन... पिछले तीनों से बेताल एक कदम आगे बढ़ता। सीट गिनता, फिर पीछे आ जाता। इस गिनती-पहाड़ा से मन भर जाता तो पेड़ पर लटकता और झपकी मारने के बाद नीचे उतर आता। फिर वहीं क्रम। सुबह से शाम और शाम से देर रात तक सीटों की गिनती। विक्रम अपराध बोध से भर जाता। बिना वजह बिहार इलेक्शन देखने चले आये थे। लगता है कि रिजल्ट आते-आते इसका दिमाग पूरी तरह जवाब दे जायेगा। अगर ऐसा होता है तो अपने देश लौटकर बेताल के बारे में लोगों को क्या बतायेंगे? यह यक्ष सवाल उसके सामने था। गिनती गिन रहे बेताल को उसने रोकना चाहा। कहा कि बेताल सीट गिनने का काम तुम्हारा नहीं है। इस चक्कर में क्यों मेरा बेड़ा गर्क कराने पर तूले हुए हो?

बेताल ने कहा—महाराज मेरी ऐसी फितरत नहीं। मैं तो अपने आकलन का अंदाजा लगा रहा हूँ। अंदाजा नेता लोग भी लगा रहे हैं। कई जिस्ता कागज इस आकलन की भेंट चढ़ चुका है। जिधर जा रहा हूँ, उधर सीटों की गिनती का आकलन हो रहा है। मैं तो ठहरा लिख लोढ़ा, पढ़ पत्थर। सोचा क्यों नहीं कि सीटों की गिनती अपने कदम से कर लूं। एक कदम एक सीट गिनता हूँ। कुछ कदम चलता हूँ कि पांव लड़खड़ा जाते हैं। गिनती भी लड़खड़ा जाती है। फिर एक से शुरू करता हूँ। विक्रम ने कहा—मुझे तुम्हारी गिनती में कोई दिलचस्पी नहीं है। नेताओं की गिनती का हाल सुनाओं तो बात बने। अपनी गिनती में रखा ही क्या है। गिनती गिनते जग हारा, भयो न गिनती कम्प्लीट। और अकेले हमीं थोड़े गिन रहे हैं। सब इसी में लगे हैं। तारीख 20 हुई नहीं कि महीना लगने की गिनती। दाल-सब्जी के दाम घटने की गिनती। बेटी के बढ़ने की गिनती। बेताल को आभास हो गया था कि महाराज अब दर्शन बकने की राह पकड़ने वाले हैं। वह समझ गया।

बेताल ने कहा—यह गिनती तो जमाने से चली आ रही है। महाराज जनता की नहीं, उनकी गिनती का हाल न पूछो। कल रात की बात बताता हूँ। एक नेता जी का दरबार सजा था। गिनती हो रही थी। दरबारी सज्जनों ने सीट से अधिक गिनती गिन ली। नेता जी ने कहा—लगता है हमारा हिसाब गड़बड़ा रहा है। हमने तो इतनी सीटों पर चुनाव ही नहीं लड़ा। सीट उससे अधिक कैसे हो जायेगी? दरबारियों को लगा कि नेता उनकी चापलूसी समझ रहा है। एक चालाक दरबारी ने दिमाग भिड़ाया। कहा—सर आजकल दो पर एक फ्री का जमाना है। क्या सीटों की गिनती में ऐसा नहीं हो सकता? हम दो पर एक नहीं, हाफ ही फ्री मांग रहे हैं।

यह सुन नेता जी हंसने लगे। नेता जी को हंसता देख दरबारी ठहाके लगाने लगे। नेता जी सीरियस हुए तो दरबारी भी गंभीर हो गये। उन्होंने सीटों की गिनती शुरू कर दी। वे दूसरों की सीट घटाते। वे उसे अपने खाते में जोड़ते और गिनती करते आगे बढ़ते जाते। उन्होंने समवेत स्वर में कहा—हमसे बड़ा एग्जिट पोलर कौन है सर? कर्कश आवाज सुनकर बेताल डर गया। वह उड़ा और पेड़ पर जाकर लटक गया। लटके-लटके उसे सुनायी दे रही थी गिनती। एक... दो... तीन...

80

काउंटिंग हो तो देहखुजौनी से बचियो

बेताल को ऐसी बेचैनी कभी महसूस नहीं हुई थी। एक पेड़ पर लटकता। फिर उड़ कर दूसरे पर जाता। थोड़ी देर बाद तीसरे पेड़ की डाल पकड़कर लटक जाता। घंटो से यह उछल-कूद देख रहे विक्रम ने जोर से कहा—यह क्या हो गया है। नीचे क्यों नहीं आते? बेताल ने लटके-लटके कहा—देहखुजौनी हो गयी है। पिछले कई घंटे से शरीर के हर भाग में कुछ काट रहा है। रात भर सो नहीं पाया। नींद कहीं चली गयी है। दवा-दारू का असर नहीं हो रहा है।

विक्रम ने पूछा-तुम्हे न टिकट मिला, न उम्मीदवार बने। फिर यह परेशानी क्यों है? बेताल ने जवाब दिया- यही तो समझ नहीं पा रहा हूँ। छहो फेज खत्म हो जाने के बाद गंभीर बने रहने की कोशिश की। सोचा था कि रिजल्ट देखकर रुखसत हुआ जायेगा। पर पता नहीं यह कैसी बीमारी ने धर-दबोचा। रात में तरह-तरह के ख्याल आने लगे हैं। कभी लगता है कि लोग मुझे हवा में लहरा कर जिंदाबाद के नारे लगा रहे हैं। कभी देखता हूँ कि लोग मेर पछुआ खोल रहे हैं। बच्चे मेरे पीछे दौड़ रहे हैं। मैं भाग रहा हूँ। लटकने को कोई पेड़ नहीं मिल रहा। चारो तरफ निर्जन नजारा। बड़ी मुश्किल से एक कुआं दिखता है। मैं उसमें छलांग लगा देता हूँ। तभी नींद खुल जाती है। मन को सुकून मिलता है। चलो यह दुःस्वप्न था। कट गया। ओरिजनल में ऐसा कुछ नहीं हुआ है। दिल को तसल्ली मिलती। हे खुदा तेरा लाख-लाख शुक्र है।

विक्रम ने पुचकारा। आ जाओ कंधे पर विराजो। कहीं चलते हैं। मन बहलेगा। छटपटहट दूर होगी। बड़ी मशक्कत के बाद बेताल कंधे पर सवार हुआ। यात्रा शुरू हुई। बेताल ने कहा—बात बहुत पुरानी है। एक रात लोकतंत्र ने दस्तक दी। कहा कि जनता की जै नहीं हुई तो देश में होने वाले हर चुनाव के रिजल्ट के दौरान बेचैनी होगी। मुझे याद है कि पहले आम चुनाव के बाद से ही ऐसा होता रहा है। इसी दिक्कत के

कारण रिजल्ट के दिन किसी दूर देश चला जाता हूँ। लेकिन इस बार बिहार का चुनाव अलग किस्म का हो रहा था। मन में आया पूरा देख लिया जाये। लोकतंत्र की बात भूल गया था। विक्रम ने जानना चाहा कि लोकतंत्र की बातों का मतलब क्या है? बेताल ने कहा—महाराज इतने दिनों से कहानियां सुना रहा हूँ। लगता है आप भूल गये हो। याद दिलाने के लिए फिर कहता हूँ। लोकतंत्र का कहना था कि जब समाज से गुरबत खत्म हो जाये, अमीर-गरीब की खाई मिट जायें, गरीबों के लिए लाल-पीला कार्ड बनाने की दरकार न रह जाये, हर हाथ को काम और हर खेत को पानी मिल जाये, मर्द-औरत के बीच हर किस्म के विभेद मिट जायें, करप्शन को भगा दिया जाये, तो ऐसी बेचैनी जाती रहेगी। बेताल की इन बातों को सुन विक्रम की मुख-मुद्राए बदल गयीं।

बेताल ने कहा—महाराज कल बिहार चुनाव का रिजल्ट आने वाला है। कोई हारेगा-कोई जीतेगा। सरकार भी बनेगी। मेरी तो कामना है कि जैसा लोकतंत्र चाहता हूँ, वैसा हो जाये। ऐसा होता है तो मेरी दिक्कत भी दूर हो जायेगी। विक्रम ने दिलासा दिलाया। कहा—उम्मीदों पर ही दुनिया कायम है। ऐसा सब होगा, जैसा लोकतंत्र चाहता है। हताश हो चुके बेताल ने कहा—महाराज आपके मुंह में घी-शक्कर। यह कह बेताल उड़ गया।

□□□